Inhalt Altlast – das meint im herkömmlichen Sinn jene umweltgefährdenden Deponien und Ablagerungen aus der Zeit, in der es noch keine Abfallgesetzgebung gab. Wenn der Autor dieses Buches von einer »Altlast Recht« spricht, dann denkt er an das gegenwärtige Rechtssystem mit seinen ökologischen Defiziten, die sich einer konsequenten Umweltpolitik in den Weg stellen. Dabei kann er auf ein kompetentes Wissen zurückgreifen, mit dem er die gegenwärtige »Altlast« der Rechtsordnung umfassend analysiert. Die Defizite zeigen sich auf allen Ebenen der Rechtsschöpfung und der Rechtsverwirklichung. Die Bilanz ist nüchtern: Kommt es nicht zu einer umfassenden ökologischen »Sanierung« des Rechtssystems, besteht die Gefahr, daß die »Altlast Recht« unsere Um- und Mitwelt in stärkerem Maße verseucht, als das die industriellen Altlasten zu tun vermögen.

Der Autor Peter Cornelius Mayer-Tasch, geb. 1938. 1971 Habilitation an der Universität Mainz für Öffentliches Recht, Rechtsphilosophie und Politikwissenschaft. Seit 1972 Professor für Politikwissenschaft und Rechtstheorie an der Universität München. Mitglied des Direktoriums des Geschwister-Scholl-Instituts sowie des Lehrkörpers und des Senats der Münchener Hochschule für Politik. Leiter der Forschungsstelle für Politische Ökologie. Publikationen im Fischer Taschenbuch Verlag: »Die Luft hat keine Grenzen – Internationale Umweltpolitik: Fakten und Trends« (Band 4104). »Natur denken – Eine Genealogie der ökologischen Idee« (Hrsg. mit A. Adam und H. M. Schönherr), 2 Bände; Bd. 1: »Von der Antike bis zur Renaissance« (Band 4195); Bd. 2: »Vom Beginn der Neuzeit bis zur Gegenwart« (Band 4196). »Ein Netz für Ikarus«, München 1990; »Politische Theorie des Verfassungsstaates«, München 1991.

Peter Cornelius Mayer-Tasch

Altlast Recht

Wider die ökologischen Defizite unserer Rechtsordnung

Fischer
Taschenbuch
Verlag

fischer alternativ
Eine Reihe des Fischer Taschenbuch Verlages
Herausgegeben von Rudolf Brun

Originalausgabe
Veröffentlicht im Fischer Taschenbuch Verlag GmbH
Frankfurt am Main, November 1992

Umschlaggestaltung: Peter Hajnoczky, Zürich
Satz: Fotosatz Otto Gutfreund GmbH, Darmstadt
Druck und Bindung: Clausen & Bosse, Leck
Printed in Germany
ISBN 3-596-10949-3

Inhalt

Vorwort

Je unerträglicher die Beschwernisse unseres Handels und Wandels auf unserer Um- und Mitwelt lasten, je tiefere Wunden unser Tun und Lassen in die – wenn auch nur fiktive – Unversehrtheit unseres Lebens schneidet, desto eher sind wir bereit, auf ethische oder gar metaphysische Sinnhaftigkeiten zu verweisen. Von zivilisatorischem Karma ist zuweilen auch die Rede, von Schuld und Sühne und – nicht zuletzt – von (Umwelt-)Sünden. Die Kategorie der (Umwelt-)Sünde und des (Umwelt-)Sünders wird vielleicht nicht von ungefähr besonders häufig dort beschworen, wo es um Ab-fall und um Un-rat (man beachte den Doppelsinn dieser Begriffe!), wo es um Müll und Sonder-Müll – wo es also um Themen geht, die wir heute nicht zuletzt auch mit dem Terminus »Alt-Last« assoziieren.
Müll- und Sondermüll unserer Zivilisationsstufe pflegen sich zu (allüberall mehr oder minder versteckt lauernden) »Altlasten« anzusammeln – ein Phänomen, das der eher auf Versäumnisse von gestern verweisende Begriff der Altlast stillschweigend zu überspielen scheint. Zu den – sich zu Altlasten verdichtenden – Umweltsünden von gestern gesellen sich jedoch die von den heutigen Umweltsünden zu erwartenden Altlasten von morgen. Kritisch zu beleuchten sind mithin nicht nur die gegenwärtigen Resultate, sondern auch die gegenwärtigen Resultanten. Für die mentalen Müllsorten, von denen hier die Rede ist, gilt insoweit nichts anderes als für die Materialen auch.
Bei genauerem Zusehen enthüllt die Rede von den sich zu Altlasten verdichtenden Umweltsünden den tristen Umstand, daß die meisten mehr oder minder schweren Umweltsünden von sich rechtmäßig Verhaltenden und daher zumeist auch im Recht Fühlenden begangen werden. Das Recht freilich, aus dessen Befolgung oder Nicht-Übertretung sie (und wir) ihr (und unser) mehr oder minder gutes Gewissen herleiten, wird von einer ständig wachsenden Zahl kritischer Zeitgenossen gewogen und zu leicht befunden, als den Rechtsfrieden mit der menschlichen und außermenschlichen Natur brechendes gesetzliches Unrecht also – als normativer Müll oder gar Sondermüll, um in der (zugegebenerweise sehr pointierten) Sprechweise der Thematik zu bleiben. Daß beim Hantieren mit diesem normativen (Sonder-)Müll dann auch noch spezifisch exekutiver (Sonder-)Müll hinzukommt und daß beide Müllarten letztendlich durch eine geistige Grundhaltung hervorgerufen werden, die man mit guten

Gründen als kognitiven (Sonder-)Müll bezeichnen mag, ist nicht gerade dazu angetan, die schwärende Umweltsituation zu entschärfen.
Die Relation von Ursache und Wirkung läßt sich auf sehr unterschiedlichen Ebenen diskutieren. Auch das Verhältnis von Rechtsidee und Rechtswirklichkeit bildet hier keine Ausnahme. Sinn und Zweck dieses Buches ist es nicht, der rechtsphilosophisch, rechtssoziologisch und politikwissenschaftlich akzentuierbaren Frage nachzugehen, inwieweit das (Umwelt-)Recht überhaupt den Anspruch erheben kann, den sinnlich erfahrbaren Zustand unserer Um- und Mitwelt zu gestalten. Und Sinn und Zweck dieses Buches ist es schon gar nicht, diesen Anspruch (wie es etwa exemplarisch in Reiner Schmidts »Einführung in das Umweltrecht«, München 1992³ geschieht) dogmatisch zu erfassen. Sinn und Zweck dieses Buches ist es vielmehr, von diesem unleugbar vorhandenen Anspruch auszugehen und ihn dann an der – wiederum sinnlichen – Erfahrung zu messen. Daß das Ergebnis dieses »Er-messens« in den Titel eingeflossen ist, bedarf wohl keiner besonderen Erwähnung.
Die Sequenz, in der die Thematik dieser Schrift entwickelt wird, ist aus der Gliederung leicht ablesbar: Nach einem Ein- und Überblick über die spezifischen Defizite des deutschen Umweltrechtes wird versucht, den normativen Weichenstellungen für diese defizitäre Situation nachzuspüren. Gesucht und gefunden werden diese Weichenstellungen dort, wo sie unsere Rechtsordnung selbst gesetzt hat – in den imaginären und veritablen Staatsstruktur- und Staatszielprinzipien der Natur-, Rechts- und Sozialstaatlichkeit nämlich, denen der zweite und der dritte Abschnitt des Buches gewidmet sind. Der vierte Abschnitt gilt dem Blick über die Grenzen des »souveränen« Nationalstaates wie auch dem Blick zurück hinter dessen eigene Schwelle. Und der letzte Abschnitt schließlich geht der Frage nach, inwieweit es rechtsimmanente Reaktionsmöglichkeiten auf normative, exekutive und kognitive Defizite der im Umkreis der gegenwärtigen Umweltkrise erfahrbaren Größenordnung gibt. Ein Nachwort, das die Gesamtproblematik noch einmal auf einer tendenziell meta-rechtlichen Ebene reflektiert, beschließt den – sich als Aufruf (um nicht zu sagen: Aufschrei) verstehenden – »Ent-Wurf« dieser Schrift.
Kundig unterstützt wurde der Verfasser bei der Vorbereitung dieses in manchem auch auf frühere Arbeiten zurückgreifenden Buches von Frau Rechtsanwältin Elisabeth Loibl und Herrn Dipl. sc. pol. Franz Kohout. Das Typoskript entstand unter der bewährten Obhut von Frau Ilse März. Ihnen gilt mein besonderer Dank.

I Das (Umwelt-)Recht als Altlast oder: Die ökologischen Defizite unseres Rechtssystems

Von drei Arten unseres Rechtssystems bei der wirksamen Annahme der allgegenwärtigen ökologischen Herausforderung schwer behindernden Altlasten war im Vorwort die Rede – von der normativen, der exekutiven und der kognitiven.

1. Normative Altlast oder: Das Gesetzgebungsdefizit

Als im engeren Sinne normative Altlast treten eine ganze Reihe rechtlicher Strukturprobleme in Erscheinung – Strukturprobleme, die letztendlich stets auf ein gesetzgeberisches Tun oder Unterlassen zurückführbar sind. Von diesen Strukturproblemen mag nun zunächst die Rede sein.

Fraktionierung des Umweltrechtes

Überblickt man den Gesamtbereich des heute als »Umweltrecht« firmierenden Normkomplexes, so fällt als erstes seine starke Fraktionierung ins Auge. Noch vor wenigen Jahren und zum Teil auch heute noch wurde (und wird) diese Fraktionierung schon an der weitreichenden Zersplitterung der mit der Anwendung des Umweltrechtes befaßten Regierungs- und Verwaltungsressorts deutlich. Während der letzten anderthalb Jahrzehnte wurde die Verwaltung des Umweltrechtes in Bund und Ländern erheblich konzentriert und gestrafft. Auch nach dieser Konzentration und Straffung, auch nach der – weniger einem durchdachten Konzept als umweltpropagandistischem Tagesdruck entspringenden – Begründung von Umweltministerien und Ämtern für Umweltschutz auf Bundes- und Landesebene[1] ist diese administrative Zersplitterung auch heute noch nicht gänzlich aufgehoben. Wichtige Umweltschutzaufgaben werden etwa nach wie vor von Landwirtschafts-, Verkehrs- und Innenministerien wahrgenommen[2].
Daß dies nach wie vor zu Kompetenzkonflikten und Unsicherheiten verschiedenster Art führen kann und führt, bedarf kaum besonderer Betonung. Selbst dann aber, wenn man davon ausgeht, daß der politische Wille zur Fortsetzung dieses administrativen Konzentrations- und Straf-

fungsprozesses vorhanden wäre bzw. sich in der Zukunft noch einstellen würde, so wäre auch nach einem Abschluß dieses Prozesses die Fraktionierung des Umweltrechtes noch nicht aufgehoben. Verbessert hätten sich dann allenfalls die organisatorischen Voraussetzungen für ihre allmähliche Aufhebung.

Im Augenblick besteht das Umweltrecht aus einem Konglomerat privat- und öffentlich-rechtlicher Bestimmungen unterschiedlichen Zuschnittes und heterogener Systematik. Ihre wechselseitige Verschränkung, Ab- und Ausgrenzung ist alles andere als ausgereift und ausgewogen und führt daher auch in der Praxis der Rechtsanwendung immer wieder zu gähnenden Normierungslücken wie auch sonstigen Koordinationsproblemen.

Auffällig ist etwa die zur Lösung solcher Koordinationsprobleme gedachte, jedoch ökologisch kontraproduktive Tendenz, dem Verwaltungsrecht eine umweltrechtliche Vorrangstellung einzuräumen. Zu Recht bezeichnet Albin Eser die weitgehende Abhängigkeit des Umweltstrafrechts von Verwaltungsrecht und Verwaltungspraxis als »Achillesferse« des Umweltstrafrechts[3]. Obwohl seit 1980 den – in den §§ 324ff. geregelten – »Straftaten gegen die Umwelt« ein eigener Abschnitt des Strafgesetzbuchs gewidmet ist, können die darin enthaltenen Straftatbestände wenig zur Verhinderung von Umweltschädigungen leisten, solange sie als »gefesseltes Recht« (Prantl)[4] die Mängel des Verwaltungsrechts und der Verwaltungspraxis zu übernehmen haben.[5]

Die Legalisierungswirkung eines verwaltungsrechtlichen Genehmigungsakts verhindert nämlich weitgehend die Kontrolle durch die Strafgerichte, da selbst rechtswidrige Genehmigungen noch rechtfertigende Wirkung haben, falls der Antragsteller auf die Rechtmäßigkeit vertrauen durfte.[6] Eine strafrechtliche Verantwortlichkeit der das materielle Verwaltungsrecht fehlerhaft anwendenden Amtsträger aber gibt es nicht; auf eine derartige Regelung hat der Gesetzgeber bei der Einführung der §§ 324 StGB bewußt verzichtet.

Ähnliches wie für das Verhältnis von Umweltverwaltungsrecht und Umweltstrafrecht gilt auch für das Verhältnis von öffentlichem zu privatem Umweltrecht, wobei insbesondere an die privatrechtlichen Abwehransprüche der §§ 1004, 906 BGB zu denken ist. Neben der ausdrücklichen Bindung des Privatrechts durch sog. privatrechtsgestaltende Normen (wie § 14 BImSchG) tritt auch noch eine durch die Rechtsprechung entwickelte Beschränkung des Abwehranspruches aus §§ 1004, 906 BGB (wie etwa die Gewährung von Bestandsschutz für sog. lebens- und gemeinwichtige Betriebe). Auch hier werden also die Mängel des öffentlichen Rechts in das Zivilrecht hineingetragen.

Zur Lösung solch gravierender Koordinationsprobleme bedürfte es jedenfalls mehr als einer bloßen administrativen Fleißarbeit. Es bedürfte eines diese gordischen Zustände klärenden unerschrockenen Zugriffs als

Gesetzgeber. Heute aber hält man noch weithin »die Stücke in der Hand« und wartet vergeblich auf das »geist'ge Band«.

Illustriert wird diese Situation durch die Tatsache, daß wir – wenigstens bis zur Stunde – noch kein einheitliches, alle umweltrechtlichen Rechtsmaterien umfassendes Umweltgesetzbuch besitzen.[7] Ein solches Umweltgesetzbuch ist nun allerdings in Sichtweite gerückt. Eines allerdings wird man zu den Normierungsplänen des »Bundesministeriums für Umwelt, Naturschutz und Reaktorsicherheit« schon heute sagen müssen: So wünschenswert die Zusammenfassung und Vereinheitlichung des Umweltrechts aus den verschiedensten Gründen auch sein mag – sie wird nur einen geringen Teil unserer umweltrechtlichen Sanierungsprobleme lösen. Angesichts des – trotz aller politischen Rhetorik – denkbar geringen gesamtgesellschaftlichen Konsenses über die auf die ökologische Frage zu erteilenden rechtlich-politischen Antworten wird man mit Fug und Recht bezweifeln müssen, ob die Zeit für ein solches Umweltgesetzbuch wirklich schon reif ist.

Die Tatsache etwa, daß die Mehrheit des Bundestags noch immer nicht bereit ist, der geplanten ökologischen Staatszielbestimmung denselben verfassungsrechtlichen Rang einzuräumen wie den anderen Staatsstruktur- und Staatszielbestimmungen – und dies, nebenbei bemerkt, obwohl zahlreiche Repräsentativumfragen zeigen, daß die Mehrheit der Bevölkerung dem (Staatsziel) Umweltschutz sogar Priorität zugeordnet sehen möchte – dürfte diesen Zweifel hinreichend begründen.

Reif dafür wäre die Zeit wohl erst, wenn auch ein unter ökologischen Vorzeichen grundstürzend und grundlegend novelliertes Energiewirtschaftsgesetz Teil eines Umweltgesetzbuches würde und wenn die der Wirklichkeit Hohn sprechende (weil die ökologischen Defizite der auf Agrochemie und Agroindustrie bauenden Landwirtschaft per definitionem legitimierende[8]) Landwirtschaftsklausel der Naturschutzgesetze gestrichen würde, um zwei weitere bedeutsame Indikatoren zu nennen.

Die Kodifizierung des gesamten Umweltrechtes könnte aber doch neben den von den regierenden gewünschten Beschwichtigungseffekten auch zu einer Klärung bedeutsamer rechtsdogmatischer Koordinationsfragen führen und damit – ebenso wie die administrative Konzentration – eine nicht zu unterschätzende Vorarbeit zu einer Gesamtsanierung der normativen Altlast leisten. Dies freilich nur, wenn sie mit der dem Stellenwert einer solchen Vorarbeit angemessenen Bescheidenheit geleistet und vorgestellt wird und nicht als *die* herakleische Augiastat. Dann nämlich würde sie von zahlreichen anderen Sanierungsproblemen ablenken und sich so im Endeffekt als kontraproduktiv erweisen.

Statt Vorsicht Nachsicht

Das zweite in diesem Zusammenhang zu nennende, wenn auch schon speziellere Strukturproblem des gegenwärtigen Umweltrechtes ist die ungenügende normative Durchsetzung des Vorsorgeprinzips, ist die Privilegierung der Sanktion gegenüber der Prävention,[9] der Nachkehrung gegenüber der Vor-kehrung und (wenn man seiner Bitterkeit freien Lauf lassen will) der Nach-Sicht, gegenüber der Vor-Sicht.

In der politischen Rhetorik sieht all dies freilich ganz anders aus[10]. Schon im »Umweltbericht 76« postulierte die Bundesregierung den unbedingten »Vorrang der Vorbeugung«.[11] Und in den »Leitlinien zur Umweltvorsorge« vom 4.9.1986 hat die Bundesregierung nach einem Jahrzehnt recht bescheidener umweltpolitischer Erfolge diesen Grundsatz von 1976 noch einmal bestätigt[12]. Was das Präventionsprinzip – neben dem Kooperationsprinzip[13] und dem Verursacherprinzip (von dem noch die Rede sein wird) eines der drei Grundprinzipien des Umweltrechts – den früheren wie der jetzigen Bundesregierung wirklich wert war, läßt sich jedoch nicht erst aus seiner Umsetzung in konkretes Umweltrecht ablesen, sondern auch schon an seiner Ausformulierung als politisches Leitprinzip. So wie es im »Umweltbericht 76« und in den »Leitlinien zur Umweltvorsorge« verankert ist, verdient das umweltpolitische »Vorsorgeprinzip« diesen Namen nämlich nur in einem sehr eingeschränkten Maße. Echte Vorsorge vor Umweltschäden kann nur die Vermeidung von Umweltschäden bedeuten – nicht aber die bloß »schonende« Inanspruchnahme der natürlichen Ressourcen, was lediglich bedeutet, die ökologischen Schäden des staatlich geförderten oder doch geduldeten Handels und Wandels in vagen Grenzen zu halten. Ein recht verstandenes Vorsorgeprinzip kann mithin nur auf die Vermeidung von Umweltschäden an der Quelle abzielen.

Bei einem nur flüchtigen Blick auf die Struktur des Umweltrechtes scheint dies zwar der Fall zu sein; schaut man jedoch genauer nach, so erkennt man, daß der erste Eindruck täuscht. Er täuscht deshalb, weil sich die Genehmigungspflicht für potentiell umweltschädliche Anlagen und Einrichtungen nach dem Bundesimmissionsschutzgesetz, nach der Großfeuerungsanlagenverordnung, nach dem Wasserhaushaltsgesetz und einer ganzen Reihe anderer Umweltschutzgesetze auf die jeweils in Frage stehenden Verseuchungs- und Verschmutzungsquellen bezieht und Vorsorge gegen die von ihnen zu erwartenden Gefahren zu bieten scheint. Der Schein trügt jedoch schon deshalb, weil diese Genehmigungsverfahren so angelegt sind, daß sie stets nur die Begrenzung der von den einzelnen Anlagen und Einrichtungen ausgehenden Emissionen im Auge haben, nicht aber die – lokal, regional oder national bezogene – Immissionsdichte, die lediglich im Atomrecht und im Extremfall »normaler« Luft-

verschmutzung – für die Auslösung von Smog-Alarm nach den Smog-Verordnungen nämlich – eine nennenswerte Rolle spielt. Auch insoweit fehlt es also an einem tendenziell ganzheitlichen Zugriff.
Statt aufgrund der jeweils vorliegenden naturwissenschaftlichen und medizinischen Erkenntnisse Gesamtbelastungsgrenzen (und damit entsprechende lokale, regionale oder nationale Kontingentierungen) festzulegen und die Möglichkeit ihrer Einhaltung u. a. durch die Befristung von Genehmigungen und ähnlichen Vorkehrungen zu sichern, beschränkt sich unser Umweltrecht auf die mehr als fragwürdige Eindämmung der Einzelemissionen. Erst wenn die Luft allzu dick, das Wasser allzu schmutzig und die Erde allzu giftig wird, bequemt man sich – bestenfalls – zu Verschärfungen des Genehmigungsstandards oder rekurriert zu noch reduzierteren Reaktionsformen wie Fahrverboten bei Smog-Lage, Angel- und Badeverboten in verseuchten Gewässern etc. etc. An dieser »Politik des peripheren Eingriffs« (Doran/Hinz/Mayer-Tasch[14]), die schon Anfang der 70er Jahre in einem gleichnamigen Buch bloßgestellt wurde, hat sich bis heute wenig geändert. Der Swinigel steigender Verseuchung erreicht das Ziel allemal vor dem Häschen umweltrechtlicher Verbesserungen.
Es ist zwar unabweisbar, daß auch räumlich bezogene Kontingentierungsregelungen schwerlich auf allseitigen Konsens hoffen dürfen und überdies auch in jedem Falle von Zeit zu Zeit an neue Erkenntnisse angepaßt werden müßten, keine Ein-für-alle-Mal-Lösung bieten könnten. Unabweisbar ist aber auch, daß derartige Regelungen überhaupt erst die rechtlichen (und damit indirekt auch tatsächlichen) Voraussetzungen für (natur)wissenschaftliche Untersuchungen schaffen würden, von denen aussagekräftige Ergebnisse zu erwarten wären.
Daß bei einem solchen Lösungsversuch auch der grenzüberschreitende Ferntransport von Schadstoffen bei der Kontingentierung berücksichtigt werden müßte, liegt auf der Hand.[15] Die strukturpolitischen Probleme, die sich hieraus (wie auch aus sonstigen Aspekten einer solchen Regelung) ergeben würden, müßten auf Länder- oder Bundesebene mit Hilfe von wirtschafts-, sozial- und außenpolitischen Mitteln in Angriff genommen werden. Als Alibi für die Perpetuierung des bislang praktizierten immissionsschutzrechtlichen Dilettantismus dürften die mit ihrer Lösung verbundenen Schwierigkeiten jedenfalls nicht herhalten.

Das Verwirrspiel »Haltet den Dieb« oder: Wer ist Störer, wer Verursacher?

Die naheliegende Frage nach den Ursachen des aufgezeigten strukturellen Dilettantismus verweist auf die rechtsgeschichtliche Herkunft des Immissionsschutzrechtes aus dem Polizeirecht. Dem modernen Polizeirecht liegt – spätestens seit dem Erlaß des berühmten § 10 II 17 des Preußischen

Allgemeinen Landrechts von 1794[16] – die Vorstellung zugrunde, daß es Aufgabe der Polizei sei, für die Aufrechterhaltung von Sicherheit und Ordnung zu sorgen[17]. Der »Störer« dieser Sicherheit und Ordnung soll von der Polizei wieder in die von ihm gestörte Ordnung zurückgeführt werden. Auch dem Immissionsschutzrecht verschiedenster Ausprägung liegt noch diese Vorstellung von der Domestizierung des potentiellen oder aktuellen Störers zugrunde. Mit dem Bild vom Störer, der in die Konformität der (heilen Umwelt-)Ordnung zurückgezwungen werden muß, läßt sich der heutigen Umweltproblematik jedoch schwerlich beikommen. Und dies sowohl aus faktischen als auch aus normativen Gründen nicht.

Faktisch deshalb nicht, weil das Ausmaß der Störung, das von potentiell umweltschädigenden Anlagen und Einrichtungen ausgeht, nur punktuell und fragmentarisch erfaßt werden kann, weil die Störungsintensität und der Störungsradius weder von den Gestörten noch von den für die Unterbindung von Störungen Verantwortlichen hinreichend bestimmbar sind. Manches wird von manchen gewußt und anerkannt; vieles wird von vielen nicht gewußt und nicht anerkannt. Angesichts dieser faktischen Situation wird auch jede Festlegung sog. Höchstdosen oder Höchstmengen (ob es sich nun um das Atomrecht, das Immissionsschutzrecht oder das Wasserrecht handelt) zu einem wissenschaftlich und damit auch ethisch, politisch und rechtlich höchst fragwürdigen Unternehmen.

Wer und in welchem Ausmaß an Leib und Leben oder an seinem Vermögen durch wen geschädigt wird, kann schlichtweg nicht bestimmt werden[18], wenn man den Betreiber von Anlagen und Einrichtungen als den potentiellen Störer ins Auge faßt und dem Gestörten dann unter Berufung auf die sog. Normentheorie auch noch die Beweislast für dieses »Gestörtwerden« auferlegt, wie dies die Rechtsprechung (wenn auch mit gewissen Einschränkungen) bis auf den heutigen Tag tut[19]. In dem von einem Schwarzwälder Waldbesitzer und – parallel dazu – von der Stadt Augsburg angestrengten Waldschadensverfahren hat der BGH am 10. 12. 1987 den Klägern jede Entschädigung abgesprochen[20]. Mit anderen Worten: Das so viel beschworene Verursacherprinzip wird im Zwielicht des Umweltschutzrechts zur Chimäre[21].

Gerade das Waldschadensurteil hat wieder überdeutlich gezeigt, daß es an der Zeit ist, endlich den wahren Störer und den wahren Verursacher der – in wachsendem Maße nicht nur unerträglich, sondern auch unbezahlbar werdenden – Umweltschäden mit Namen zu nennen: Nicht (nur) die Gewerbetreibenden, Hausheizungen Betreibenden und Kraftfahrzeuge Führenden sind die wahren »Störer« der heilen Umweltordnung und Verursacher von Umweltschäden, sondern vielmehr (auch) der ihrem Tun und Lassen nicht die erforderlichen Grenzen ziehende, das Umweltschutzrecht allzu lasch gestaltende Staat.

Wenn die Klagevertreter und Gutachter im Zuge des Waldschadensverfahrens u. a. eine Staatshaftung für die euphemistischerweise so genannten »neuartigen Waldschäden« forderten, so war dies durchaus stimmig[22]. Hätte der Bundesgerichtshof dieser Forderung zugestimmt, wäre eine heilsame Lawine ins Rollen gekommen. Ein solcher richterlicher Nachhilfeunterricht in Sachen Störer- und Verursacherermittlung hätte den Gesetzgeber vielleicht auch zu einer aufgeklärteren Konkretisierung des so viel beschworenen Verursacherprinzips geführt[23]. Echte umweltrechtliche Vorsorge kann heute nun einmal nicht mehr (nur) aus einem privatistisch betriebenen Haltet-den-Dieb-Spiel (d. h. also aus einer naiven Individualisierung der Verantwortlichkeitszurechnung), sondern nur mehr aus einer konsequenten Vorverlagerung der staatlichen Eingriffsschwellen und einer ganzheitlichen Risikobalancierung gewonnen werden.

Relativierung des Umweltrechts durch »unbestimmte Rechtsbegriffe«

Das Öl im Getriebe des Rechts sind die sog. unbestimmten Rechtsbegriffe – Begriffe wie »Verhältnismäßigkeit«, »Erforderlichkeit«, »Geeignetheit«, »Ortsüblichkeit« etc. Da sie die Anpassung des Rechts an sich wandelnde Zeitumstände ermöglichen, sind sie bis zu einem gewissen Grade unverzichtbar. Der Preis, der für sie zu zahlen ist, ist ein hohes Maß an Rechtsunsicherheit, da solche unbestimmten Rechtsbegriffe natürlich sehr unterschiedliche Interpretationen erlauben. Für das Umweltrecht gilt dies in ganz besonderem Maße, zumal im Kontext einer ganzen Reihe von Gesetzen zwei derartige Begriffe auftauchen, deren Einsatz von ebenso weittragender wie symptomatischer Bedeutung sind – die Begriffe »Stand der Technik« und »wirtschaftliche Vertretbarkeit«[24]. Am Beispiel des § 14 BImSchG läßt sich die spezifische Funktion dieser beiden unbestimmten Rechtsbegriffe besonders deutlich zeigen. § 14 normiert den Ausschluß privatrechtlicher Abwehransprüche gegen umweltschädigende Anlagen, besagt also, daß aufgrund solcher Abwehransprüche nicht die Einstellung eines Gewerbebetriebs, sondern allenfalls Schutzvorkehrungen gefordert werden können. Auch solche Schutzvorkehrungen jedoch können nach § 14 S. 2 BImSchG nicht verlangt werden, »soweit solche Vorkehrungen nach dem Stand der Technik nicht durchführbar oder wirtschaftlich nicht vertretbar« sind.
Was zunächst den Stand der Technik anbelangt, so dürfte einem Bürger der Bundesrepublik Deutschland, dem Art. 2 GG ein Grundrecht auf Leben und körperliche Unversehrtheit einräumt[25], schwer zu vermitteln sein, daß nicht seine und seiner Mitbürger Gesundheit, sondern vielmehr der Stand der Technik die Größe ist, die letztendlich bestimmt, ob er Schutzvorkehrungen fordern kann oder nicht. Ganz offensichtlich ist der

Stand der Technik die relativierende, die Gesundheit aber die relativierte Größe – eine geradezu pervers anmutende Situation. Daß der aus dem 19. Jahrhundert bekannte Grundsatz »Dulde und liquidiere«[26] in Form eines kompensierenden Schadensersatzanspruchs dann noch als Trostpflästerchen aufgeklebt wird, macht die Rechtslage noch makabrer. Der in § 1 BImSchG genannte angebliche Gesetzeszweck, nämlich »Menschen ... Tiere, Pflanzen und andere Sachen vor schädlichen Umwelteinwirkungen ... zu schützen«, sowie auch die in § 5 I BImSchG genannte Genehmigungsvoraussetzung der Umweltunschädlichkeit wird durch diese Relativierungsklausel Lügen gestraft. Die aus diesem angeblichen Gesetzeszweck allein ableitbare Konsequenz müßte selbstverständlich die Schließung einer Anlage sein, für deren schädliche Emissionen der Stand der Technik keine Schutzvorkehrungen ermöglicht.
An dieser Stelle springt jedoch schon der zweite, den Immissionsschutz der Bürger relativierende, unbestimmte Rechtsbegriff hilfreich ein – die »wirtschaftliche Vertretbarkeit«. (§ 14 S. 2 BImSchG) Welche Priorisierungstendenz sich hier abzeichnet ist ganz offensichtlich: Geld statt Leben. Selbst wenn man davon absieht, spricht diese Relativierungsklausel der heutigen Umweltsituation Hohn. Wirtschaftlichkeit wird von ihr ganz offensichtlich als Betriebswirtschaftlichkeit, nicht aber als Volkswirtschaftlichkeit verstanden. Angesichts der Tatsache aber, daß inzwischen immer deutlicher wird, daß die Umweltschäden nicht oder kaum mehr finanzierbar sind – die von Lutz Wicke 1986 errechneten 100 »ökologischen Milliarden«[27] mußten inzwischen längst drastisch nach oben korrigiert werden[28] –, ist diese Art von »wirtschaftlicher Vertretbarkeit« rechtlich-politisch unvertretbar. Man kann sich jedenfalls des Eindrucks nicht erwehren, daß das Gesetz seinen Namen – den eines »Immissions*schutz*gesetzes« – zu Recht trägt.

Die Schutznormtheorie als Zerberus der normativen Altlasthölle

Das normative Strukturproblem, das dafür sorgt, daß alle anderen normativen Strukturprobleme des Umweltrechts virulent bleiben, ist ein prozessuales – die ungebrochene Fortwirkung nämlich der sog. Schutznormtheorie[29].
Eine Klagebefugnis steht nach § 42 Abs. 2 VwGO nur demjenigen zu, der behaupten kann »in seinen Rechten« verletzt zu sein. Als Rechte im Sinne dieser Norm gelten die sog. subjektiv-öffentlichen Rechte. Da jedoch keine Rechtsnorm ausdrücklich sagt, ob sie derartige subjektiv-öffentliche Rechte zuerkennt, muß diese Folgerung aus einer – allenfalls durch Präjudizien und Lehrmeinungen gesteuerten – freien Interpretation gewonnen werden. Die gängige Interpretationsformel lautet, daß

nur diejenigen Rechtsnormen ein subjektiv-öffentliches Recht vermitteln, die nicht »nur« im Allgemeininteresse, sondern »zumindest auch« im Sonderinteresse der jeweiligen Rechtssuchenden erlassen worden sind. Bei Normen zum Schutz der natürlichen Umwelt wird allgemein angenommen, sie dienten nicht dem individuellen, sondern »nur« dem öffentlichen Interesse.

Daß diese Polarisierung von Allgemein- und Sonderinteresse mehr als fragwürdig ist, liegt auf der Hand. Die mythische Verselbständigung des Gemeinwohlbegriffs gehörte jahrhundertelang zu den wirksamsten Herrschaftsinstrumenten, die die Rechts- und Politiktheorie den jeweiligen Trägern der politischen Ordnung anzubieten hatte. Im 19. Jahrhundert wurde sie zur Kompromißformel, in deren Zeichen das Bürgertum seine erste Emanzipationsstufe abzusichern suchte. Die Alleinzuständigkeit der Verwaltung für die Wahrung des Gemeinwohls war der Preis, der für den eben erst erkämpften Schutz der Privatsphäre zu entrichten war. Ihr repressiver Charakter lebt auch heute noch in der prozeßrechtlichen Polarisierung von Allgemein- und Sonderinteresse fort. Obwohl sich aufgrund des Charakters der allgegenwärtig gewordenen ökologischen Gefährdungen die Grenzen zwischen der Privatsphäre und der Öffentlichkeitssphäre bis zur Unkenntlichkeit verwischen, wird die Fiktion ihrer Unterscheidbarkeit mit Klauen und Zähnen verteidigt. Die Folge ist, daß dem Bürger selbst bei eklatanten Verletzungen des objektiven Umweltrechts keine Klagebefugnis zuerkannt wird, weil er angeblich kein »rechtlich geschütztes« Interesse, d. h. also: kein subjektiv-öffentliches Recht auf Nicht-Verletzung der fraglichen Rechtsnorm(en) habe, sondern ihm lediglich ein »Rechtsreflex« zukomme. Wenn ihn die Reflektion des Rechtsbruches trifft, so hat er eben – siehe Waldschadensfall – Pech gehabt.

Bei der interpretatorischen Zuerkennung sog. subjektiv-öffentlicher Rechte verfahren die Gerichte heute etwas großzügiger als noch vor 10 oder 20 Jahren[30], aber insgesamt noch viel zu restriktiv. Als »drittschützend« (wie der Terminus technicus lautet) gilt nach der Rechtsprechung des Bundesverwaltungsgerichts (BVerwGE 65, 313ff.) beispielsweise nur der erste Absatz des – die Genehmigungsvoraussetzungen von Anlagen regelnden – § 5 BImSchG. Die in Abs. 2 vorgeschriebenen Maßnahmen zur Emissionsbegrenzung und die in Absatz 3 normierte Pflicht zur Vermeidung gefährlicher Reststoffe jedoch werden nicht als drittschützend anerkannt. Diese Normierungen, so das Gericht, seien Ausdruck des Vorsorgeprinzips, das nur die Allgemeinheit, nicht aber den einzelnen schütze[31] – eine Argumentation, die auch durch ständige Wiederholung und durch das ständige Nachbeten der unteren Instanzen nichts von ihrer Willkürlichkeit, Kurzschlüssigkeit und umweltpolitischen Zahnlosigkeit verliert.

Auch der naheliegende Gedanke, daß zumindest das sog. Muttergrundrecht des Art. 2 GG auf Leben und körperliche Unversehrtheit einen solchen subjektiven Rechtsanspruch zu begründen vermag, wird bedauerlicherweise von den Gerichten noch kaum aufgenommen, wovon im zweiten Kapitel dieses Buches noch die Rede sein wird. Die Fortwirkung der Schutznormtheorie ist ebenso anachronistisch wie effizient. Sie hält den beim Gesetz und seinen Hütern Schutz suchenden Bürger nur allzu häufig »draußen vor der Tür« (Wolfgang Borchert), bewahrt die Gerichte vor einer Prozeßflut und den Gesetzgeber vor Mühe und Ärger – vor der Mühe der Novellierung weiter Passagen des Umweltrechts und vor dem Ärger des Aufschreis der Umweltverschmutzer, die ihr Geschäft dann weit weniger ungestört verrichten könnten, als dies heute noch der Fall ist. Daß diese Art von Effizienz letztlich auch gewünscht ist, zeigt die Tatsache, daß sich der Bundes-Gesetzgeber bislang noch nicht einmal zur Einführung der seit nun bald 20 Jahren im rechtspolitischen Gespräch befindlichen und in anderen Ländern – der Schweiz etwa und den USA aber auch in den Bundesländern Berlin, Bremen, Hamburg, Hessen und Saarland – mit gutem Erfolg praktizierten Verbandsklage durchringen konnte[32], die wenigstens anerkannten Umweltschutzverbänden das Recht einräumen würde, eklatante Verletzungen des Umweltschutzrechtes vor den Gerichten zu rügen. Wie die Historiker der absehbaren ökologischen Katastrophe derartige Laszivitäten kommentieren werden, ist leicht vorhersehbar[33].

Voraussetzung für jeden ernsthaften Versuch einer Sanierung unseres hochgradig defizitären Umwelt- und Lebensschutzrechtes wäre jedenfalls die Aufgabe der Schutznormtheorie. Daß objektives Umweltrecht im subjektiv-öffentlichen Interesse eines jeden einzelnen Rechtssubjektes erlassen worden ist, muß angesichts der heutigen desolaten – und immer desolater werdenden – sozioökologischen Situation unwiderlegbar vermutet werden. Erst nach Anerkennung einer derartigen »praesumtio iuris et de iure« könnte man guten Gewissens behaupten, daß die Sanierung der Altlast (Umwelt-)Recht in vollem Gange sei.

Die auch von vielen ökologisch gesinnten Juristen für einen solchen Fall befürchtete Prozeßflut wäre – falls sich nach der Zähmung des Zerberus Schutznormtheorie »die Pforten der (Umwelt-)Hölle« öffnen würden – lediglich eine Bestätigung der Überfälligkeit dieser Reform. Kurzfristig würde die Gesellschaft selbst eine rasante Vermehrung der Richterstellen noch sehr viel billiger zu stehen kommen als die – nicht zuletzt durch defizitäre Rechtsschutzstrukturen verursachte – weitere Erhöhung der sozialen Kosten unseres umweltverschmutzenden Handels und Wandels. Und langfristig würde der – systemtheoretisch gesprochen – negative Rückkoppelungsdruck dieser Prozeßflut den Gesetzgeber zu einem umweltpolitisch erleuchteteren und beherzteren Umgang mit seinen Kompetenzen zwingen.

Der soeben skizzierte Aspekt der normativen Altlast Umweltrecht ist um so bedrückender, als das zivilrechtliche Abwehr- und Haftungsrecht keinen adäquaten Ausgleich bietet. Einerseits sind die Umwelt bzw. einzelne Umweltgüter keine absoluten Rechte im Sinne von § 823 Abs. 1 BGB, andererseits werden die meisten umweltrechtlichen Vorschriften auch nicht als Schutzgesetze im Sinne von § 823 Abs. 2 BGB anerkannt. Ebenso wie die Strafverfolgung scheitern auch deliktrechtliche Ansprüche des Zivilrechts häufig an der mangelnden Beweisbarkeit der anspruchsbegründenden Merkmale der Kausalität bzw. des Verschuldens. Besondere Schwierigkeiten beim Kausalitätsnachweis wie auch bei der Annahme einer gesamtschuldnerischen Haftung ergeben sich bei summierten Immissionen. Mit sukzessiver, kumulativer und synergetischer Kausalität wissen die Gerichte noch herzlich wenig anzufangen. Daß diese Schwierigkeit jedoch nicht unüberwindlich ist, zeigt ein Blick über die Grenzen. In Japan beispielsweise wurde inzwischen eine massenstatistische Beweisführung als Kausalitätsnachweis zugelassen.

2. Exekutive Altlast oder: Das Vollzugs- und Kontrolldefizit

Bei der Betrachtung einer konkreten Rechtslage neigt man gemeinhin dazu, die normative Situation überzubewerten und die faktische unterzubewerten. Dies gilt auch für die Situation des Umweltrechtes in unserem Lande. Und dies, obwohl gerade das – mehrfach akzentuierbare – Vollzugs- und Kontrolldefizit einen besonders gravierenden Zusatzfaktor der Belastung darstellt. Gemeint ist damit das Defizit bei der Anwendung der – schon in sich defizitären – Umweltgesetze und -verordnungen: bei der Genehmigung und Überwachung von potentiell umweltschädlichen Anlagen und Einrichtungen also oder bei der administrativen und judikativen Verfolgung von Verstößen gegen das Umweltrecht. Vollzugs- und Kontrolldefizite addieren sich jedenfalls zu einer »exekutiven Altlast« beträchtlichen Ausmaßes.

Die Hauptursachen dieser exekutiven Altlast sind Unwissenheit und Nachlässigkeit der mit der Anwendung des Umweltrechtes befaßten Behörden.

Unwissenheit

Was zunächst die Unwissenheit angeht, so läßt sich sowohl Unkenntnis anzuwendender Normen als auch die Unkenntnis tatsächlicher Voraussetzungen der Normanwendung beobachten.

Schlichte Normunkenntnis der Hüter des Rechts ist häufiger, als man ge-

meinhin anzunehmen geneigt ist. Die Regel »iura novit curia« (»Das Rathaus kennt das Gesetz«) teilt das Schicksal aller Regeln: Sie kennt nicht wenige Ausnahmen. Und dies nicht nur bei Verwaltungsbeamten, sondern auch bei Richtern. Da die aus solcher Normunkenntnis resultierende Nicht-Anwendung anwendbarer Normen dann zumeist von Rechtsanwälten (die diese Normen möglicherweise *zuvor* auch nicht kannten und sie den Verwaltungsbehörden und Gerichten deshalb auch nicht in ihren Schriftsätzen wie auf dem Tablett servieren konnten) nachträglich gerügt wird, werden die Ergebnisse solcher Ignoranz oft nicht virulent. Ärgerlich sind solche Vorgänge aber dennoch. So etwa der Fall jenes Richters, der noch zwei Jahre nach Einführung des neuen Umweltstrafrechts keinen blassen Schimmer vom Tatbestand der unbefugten Gewässerverunreinigung hatte[34], den § 324 StGB mit bis zu fünf Jahren Freiheitsstrafe sanktioniert.
Ursache für derartige Normunkenntnis ist nicht zuletzt die Tatsache, daß die dramatische Verschlechterung der ökologischen Situation eine immer häufigere Anpassung des Umweltrechtes an die Dekadenzkurve der natürlichen Lebensgrundlagen erzwingt. Mit dieser Entwicklung Schritt zu halten, mag für viele Verwaltungsbeamte und Richter, die ohnehin alle Hände voll zu tun haben (und gerade auf dem Umweltsektor auch noch ein beträchtliches quantitatives Personaldefizit aufweisen), in der Tat nicht immer leicht sein.
Erst recht gilt dies aber für die faktischen Umstände, die es bei der Anwendung des Umweltrechts zu kennen und zu berücksichtigen gilt. Als Resultat der rechtssoziologischen Untersuchung von Mayntz-Derlien[35] ergab sich etwa, daß ein großer Teil der Beamten, die festzustellen und zu überwachen hatten, ob potentiell umweltschädigende Anlagen dem jeweiligen »Stand der Technik« entsprachen, diesen »Stand der Technik« entweder überhaupt nicht oder nur sehr unzureichend kannten! Diese Untersuchung liegt nun schon einige Jahre zurück. Leider gibt es eine Fülle von Indizien, die darauf hinweisen, daß sich an dieser Situation wenig geändert hat. Und Entsprechendes gilt natürlich auch für den ökologischen Wissensstand der Hüter des Umweltrechts. Ist er niedrig, so kann er nicht etwa einfach durch Gutachter auf den für eine verantwortliche Entscheidungsfindung erforderlichen Stand gebracht werden. Dies deshalb nicht, weil dieser Wissensstand bereits für die Bewußtseinslage und die von dieser Bewußtseinslage abhängige Motivationsstruktur von prägender Kraft ist.
Ökologisch wenig informierte Verwaltungsbeamte und Richter tragen unaufhörlich dazu bei, die exekutive Altlast zu vergrößern. Zur Vergrößerung dieser Altlast tragen aber auch aufgrund von Vorprägungen oder Desinformationen einseitig ausgewählte, ihrerseits aus diesen oder jenen Gründen einseitig vorgeprägte, desinformierte oder nur teilweise infor-

mierte Rechtsanwälte und Gutachter bei, wobei fundierte Kritikk selbst und gerade vor der Politikberatungs- und Begutachtungspraxis auf höchster Ebene nicht haltzumachen braucht[36]. Und zur Vergrößerung dieser Altlast tragen auch teilweise unzureichende Testmethoden bei der Aufdeckung von Verstößen gegen das Umweltrecht und Umweltstrafrecht bei[37]. Zwar wurden diese Methoden in den letzten Jahrzehnten erheblich verbessert. Raffinierter geworden sind allerdings auch die Methoden derer, die gewissenlos genug sind, Umweltkriminalität zur täglichen Routine werden zu lassen.

Nachlässigkeit

Noch schwerer als Unwissenheit (die in aller Regel durch Informationsschübe wenigstens behebbar *wäre*) wiegt Nachlässigkeit (die zumeist Ausdruck einer Charakterschwäche und insoweit auch weniger leicht aufhebbar ist). Die Nachlässigkeit, der man im Dunstkreis exekutiver Altlasten allenthalben begegnen kann, zeigt die verschiedensten Intensitätsgrade; sie reicht von mehr oder minder unbewußter Laschheit bis zu einer sich fatalistisch gebarenden, geradezu genüßlichen Laszivität. Nicht selten werden auch die Grenzen zur Kollusion klar überschritten.
Die Genehmigungsbehörden – von den Gemeinden über die Landratsämter bis hin zu den Bezirksregierungen und Ministerien – treten häufig genug als mehr oder minder offenkundige Werber und Förderer, zumindest aber als überaus bereitwillige Partner auf, die den Arbeitsplätze, Bauaufträge und Gewerbesteuern Verheißenden auch dann noch rote Teppiche ausrollen, wenn sie schon von weiter Ferne als Trojanische Pferde erkennbar sind. Daß diese Haltung im Lichte der – trotz sich zunehmend verstärkender ökologischer Begleitrhetorik – ökonomiefreundlichen Prioritätensetzung vielfach »gut gemeint« ist, steht außer Frage. Angesichts der immer desolater werdenden ökologischen Krisenlage wird man allerdings angesichts einer solchen Haltung an das gnadenlose Diktum Gottfried Benns erinnert: »Das Gegenteil von Kunst ist gut gemeint«[38].
Die Hintergründe dieses fragwürdigen Kunstverstandes werden noch im Zusammenhang mit der Erörterung der kognitiven Altlasten zu beleuchten sein. Der Vordergrund freilich ist tagaus tagein erfahrbar. Erfahrbar ist die Art und Weise, in der unbestimmte Rechtsbegriffe der schon erwähnten Art eher ökonomistisch als ökologisch ausgelegt werden. Erfahrbar ist die Erfindung gesetzlich überhaupt nicht vorgesehener (Rechts-)formen wie z. B. »Fristen zu erneuter Überprüfung« oder »Vorabzustimmungen«[39]. Erfahrbar ist zuweilen sogar die unverhohlene Kollusion von Verwaltungsbehörden mit Betreibern umweltschädigender Anlagen gegen andere Verwaltungsbehörden. In der Zeitschrift »Öko-

test« wurde über einen Fall berichtet, in dem wasserrechtliche Genehmigungsbehörden bei der Protegierung eines flußverseuchenden Chemiebetriebes selbst der ermittelnden Wasserschutzpolizei Auskünfte verweigerten und Unterlagen vorenthielten[40].
Ein normatives Alibi für solche Verhaltensweisen bietet das schon erwähnte Kooperationsprinzip und die fehlende gesetzliche Verpflichtung der Verwaltungsbeamten zur Anzeigeerstattung. Noch immer neigen die zuständigen Behörden dazu, festgestellte Umweltrechtsverletzungen möglichst zurückhaltend zu beurteilen, um das Verhältnis zu den Betreibern umweltgefährdender Anlagen – mit denen sie weiterhin »erfolgreich« zusammenarbeiten wollen – nicht allzu sehr zu belasten. Im übrigen halten sie sich natürlich in aller Regel für kompetent genug, im eigenen Aufgabenbereich selbst für Ordnung zu sorgen. Und keine Sorgen zu machen braucht sich der Verwaltungsbeamte, ob er sich etwa selbst der Beihilfe oder der Strafvereitelung im Amt (§ 258a StGB) schuldig machen könne. Anzeigepflichten sind nämlich – in allen Bundesländern außer Nordrhein-Westfalen – nur in Verwaltungsvorschriften festgelegt, begründen mithin keine Strafbarkeit[41]. Platte Korruption hingegen, wie sie von manchen Zeitgenossen angesichts kollusionsähnlicher Verhaltensweisen zuweilen unterstellt wird, dürfte vergleichsweise selten sein. Die Normalität kann jedoch unter Umständen sehr viel bitterer sein als die Kriminalität.
Das aus Ignoranz, Indolenz und mehr oder minder ausgeprägter Kollusionsbereitschaft geborene Vollzugs- und Kontrolldefizit trägt zum Altlast-Charakter unseres Umweltrechtes um so mehr bei, als mit dem wachsenden Druck der Umweltgesetzgebung – so wenig er dem wirklich Not-Wendenden auch entsprechen mag – Eskapismus und Umweltkriminalität wachsen, wie u. a. die empirische Untersuchung von Gerhard Wittkämper und Marianne Wulff-Neunhäuser eindrucksvoll belegt hat[42]. Rechtsethisch und soziokulturell bedenklich ist dabei vor allem, daß sich – wie andere Untersuchungen belegen – die Bagatellstruktur der registrierten Umweltkriminalität tendenziell verstärkt[43]. Klein- und Kleinstbetriebe sind es vor allem sowie Landwirte, Autobesitzer etc., die als Umweltrechtsbrecher registriert werden[44]. Noch bedenklicher ist jedoch, daß die Zahl der Verurteilungen gegenüber der Zahl der Verfahrenseinstellungen gerade im Umweltstrafrecht besonders gering ist[45]. Und am allerbedenklichsten ist wohl, daß nach den letzten vorliegenden Zahlen Verfahren gegen Betriebe der öffentlichen Hand mit 97,3 % und gegen andere Industrie- und Gewerbebetriebe mit 80,3 % die höchste Einstellungsquote aufweisen[46]. Und wenn man die eigentlichen »Großen« dann doch einmal nicht »laufen« läßt, so steht die Höhe der von – insoweit offenbar ahnungslosen – Richtern verhängten Geldstrafen – dem gängigen Sanktionsinstrument für Umweltdelikte – in gar keinem Verhältnis zu

den potentiellen Kosten unterlassener Sanierungsmaßnahmen. Ohne eine Änderung dieser richterlichen Verhaltenstendenz wird auch die jüngst eingeleitete Erweiterung des Strafrahmens für Umweltdelikte ohne große Wirkung bleiben.
Auch hier also ein Circulus vitiosus. Aufheben läßt sich dieser Teufelskreis nur durch einen Abbau der kognitiven Altlast. Sie spielt die wahre Schlüsselrolle im Rahmen des hier ins Blickfeld gerückten System-Theaters.

3. Kognitive Altlast oder: Das Sanierungsdefizit

Wenn etwas das Rechtssystem zur Altlast hat werden lassen und wenn etwas die rasche Sanierung dieser Altlast verhindert oder doch erheblich bremst, so ist es das Bewußtsein der Juristen – das Bewußtsein der das Recht Schaffenden und Anwendenden also, das längst seinerseits zu einer kognitiven Altlast geworden ist.
Wie alle anderen Zeitgenossen sind auch die Juristen in den Zeitgeist eingebettet. Dieser Zeitgeist aber ist – wie wir alle wissen – nach wie vor und nach dem politischen Triumph des Kapitalismus über den ›real existierenden‹ Sozialismus erst recht – auf den technisch-ökonomischen Fortschritt eingeschworen, liefert dem sozioökologischen Fortschritt erbitterte Rückzugsgefechte. Zu den zuverlässigsten Kämpfern dieser Rückzugsgefechte zählt ein gut Teil der Juristen. Sie stellen vielleicht nicht unbedingt die Vorhut der Nachhut, reiten aber jedenfalls rüstig mit. Und dies zumeist auch noch in der subjektiven Gewißheit, vorurteilsfrei und neutral an der Lösung gesellschaftlicher Konflikte mitzuwirken und daher auch die wahren Hüter des Allgemeinwohls zu sein[47]. Nachweisbar ist etwa, daß sich viele Juristen – insbesondere die Richter an den Verwaltungsgerichten – bei der Beurteilung neuer Technologien um äußerste Zurückhaltung bemühen, damit der Verwaltung das Feld überlassen und so zur Einschränkung des Rechtsschutzes im Umweltbereich beitragen[48].
Forscht man nach den Gründen für diese Grundhaltung, so stößt man auf das spezifische Sozialisationsprofil der Juristen, auf ihr Sozialprofil, auf ihr charakteristisches Persönlichkeitsprofil und nicht zuletzt auch auf die sog. juristische Logik, deren Möglichkeiten mit den vorab genannten Faktoren zusammen gesehen werden müssen.

Zum Sozialisationsprofil

Der Jurist erfährt seine berufliche Sozialisation im Geiste der Bewahrung. Rechtsnormen bewahren in erster Linie das Bestehende, den Status quo. Dies ist ihre Aufgabe – eine sozusagen polizeiliche, auf das Ganze der »Polis« bezogene, auf die Aufrechterhaltung der gesamtgesellschaftlichen »Sicherheit und Ordnung« fixierte Aufgabe. Zwar umfaßt das Recht stets auch »dilatorische Formelkompromisse« (Carl Schmitt[49]) und sonstige Katalysatorformeln, die seiner prinzipiellen Stabilität Flexibilität hinzufügen und die normative Umsetzung von sozialem Wandel ermöglichen. Die Grundtendenz des Rechts ist aber eben stets bewahrend, konservierend. Der Begriff des Staates ist bekanntlich von dem lateinischen Wort »status« abgeleitet, kennzeichnet also den rechtlich-politischen Status quo. Insofern sind die Juristen nicht nur die herkömmlicherweise gekorenen, sondern auch die geborenen Staatsdiener. Gegen das Überkommene treten sie in der Regel nur an, wenn entweder ein überlegener politischer Wille sie dazu bringt oder aber wenn sie aus besonderen persönlichen Umständen die Muse der Reform oder gar der Revolution küßt.

Den ersten Fall konnte man etwa im 16. und 17. Jahrhundert erleben, als der starke Drang der Fürsten nach Stabilisierung ihrer Landeshoheit die Juristen im Namen des Römischen Rechts gegen die guten alten deutschrechtlichen »Rechte und Gewohnheiten« antreten hieß und ließ[50]. Das letztere hat es durch die Jahrhunderte hindurch immer wieder gegeben – aber eben selten genug. Auch die Rolle der Juristen ›Großdeutschlands‹ während des Nazi-Regimes und die der Juristen Ostdeutschlands während des kommunistischen Regimes kann wohl kaum als sehr rühmlich betrachtet werden.

Und so findet man auch heute sehr viel mehr Juristen, die dem zu Recht geronnenen technisch-ökonomischen Fortschrittsdenken anhängen als dem Gedanken seiner rechtlichen Relativierung. Und dies um so weniger, als eine sozialwissenschaftliche Ausbildung der Juristen so gut wie nicht existiert[51]. Vom Juristen als »Justitiar der Technik« ist heute die Rede und davon, daß die »Affinität zur Technik . . . die angestammte Affinität der alten Elite der Norminterpretation zur Macht«[52] noch aufrechterhält. Nur besonders offene Geister unter den Jura-Studenten und -Absolventen können sich ihr unter erheblichem Aufwand an Mühe und (soweit die Bemühung in ein Zusatzstudium mündet) auch Geld zuwenden. Die Rechtsfakultäten charakterisieren nach wie vor deutliche Berührungsängste; selbst die Chance sozialwissenschaftliche Professuren zu gewinnen, wird von ihnen zuweilen aus diesem Grunde nicht wahrgenommen.

Und auch die in die Rechtsfakultäten integrierten metadogmatischen Fächer wie Rechtsphilosophie, Rechtssoziologie, Rechtsgeschichte und Kriminologie führen eine mehr oder minder groß- oder engherzig geduldete Existenz am Rande des eigentlichen Rechtsstudiums. Geprägt wird der Jurastudent mithin durch eine nahezu ausschließlich dogmatisch ausgerichtete Ausbildung, die überdies auch noch eine ungewöhnlich lange Dauer aufweist. Um den Weg vom ersten Studiensemester an einer Rechtsfakultät bis zur zweiten juristischen Staatsprüfung zurückzulegen,

braucht der junge Jurist 9–10 Jahre. Erst dann kann er als »Volljurist« in das eigentliche Berufsleben treten. Die Studienzeit nämlich beträgt heute in der Regel 10–15 Semester – d. h. also 5–6 Jahre[53] –, an die sich die zweieinhalbjährige Referendarzeit anschließt.
In keinem anderen Land der Europäischen Gemeinschaft beansprucht die Juristenausbildung einen derart langen Zeitraum, weshalb selbst in konservativen Juristenkreisen – nicht zuletzt im Blick auf den 1993 eröffneten Gemeinsamen Markt – eine Verkürzung der Rechtsausbildung gefordert wird. Auch nach der breiten Diskussion dieses Themas auf dem Deutschen Juristentag von 1990 wird das Für und Wider noch lange offenbleiben. Den Sozialisationseffekt einer langen Juristenausbildung sehen nämlich auch ein gut Teil derer, die für eine Verkürzung dieser Ausbildung plädieren, ungern schwinden. Die Gründe dafür aber hat Ernst Fraenkel schon in seiner Schrift aus dem Jahre 1927 »Zur Soziologie der Klassenjustiz« geliefert, in der er die loyalitätssichernde Wirkung einer solchen »Probezeit« betonte.[54]
Historisch gesehen, sind Recht und Rechtspflege in Deutschland stets in besonderem Maße obrigkeitlich geprägt gewesen[55]. Und auch die Juristenausbildung zeigt noch immer das ihr im Königreich Preußen zu Beginn des 19. Jahrhunderts verliehene Profil[56]. Auch heute noch ist sie eine staatliche Angelegenheit und wird »zweiphasig«, zunächst unter universitärer und dann unter staatlicher Obhut, durchgeführt. Das historisch begründete – man denke an die Rolle der liberal gesinnten Studentenschaft des 19. Jahrhunderts – Mißtrauen gegen die Universitäten führte zur Beibehaltung eines »Staats«examens auch zum Abschluß der universitären Ausbildungsphase.[57]
Bezeichnend ist in diesem Zusammenhang auch das Schicksal der sog. einstufigen Juristenausbildung, deren Ziel die stete Durchdringung praktischer und universitärer Ausbildung sowie auch die stärkere Integration sozialwissenschaftlicher Elemente in das juristische Sozialisationskonzept war: Nachdem 13 Jahre lang an acht deutschen Universitäten mit diesem Reformmodell der 70er Jahre experimentiert wurde, wurde von dem »gewendeten« Gesetzgeber die Juristenausbildung 1984 wieder »vereinheitlicht« und alle Reformmodelle ersatzlos gestrichen[58]. Die Nation hat nun ihre »Einheitsjuristen« wieder.

Sozialprofil

Dem Sozialisationsprofil des Juristen entspricht im großen und ganzen auch sein Sozialprofil, obwohl dieses Sozialprofil einem unverkennbaren Wandel unterworfen ist und differenzierter gezeichnet werden müßte, als mir dies in diesem Zusammenhang möglich ist.
Seit dem 16. und 17. Jahrhundert durfte der das Römische Recht einfüh-

rende und damit – wie schon erwähnt – den Souveränitätsinteressen der Landesfürsten als ›nützlicher Idiot‹ par excellence dienende Doctor iuris utriusque et canonici auch dann den sonst dem Adel vorbehaltenen Bügelhelm im Wappen führen und brauchte sich auch vor dem Landesherrn nicht zu decouvrieren, wenn er bürgerlicher Herkunft war. »Der Jurist besucht nur feine Kreise«, heißt es noch im Studentenlied des 19. Jahrhunderts[59]. Ganz so fein sind diese Kreise heute nicht mehr, wenn man einmal von dem im Durchschnitt hohen Sozialprofil der Juristinnen absieht. 1965 stellte Wolfgang Kaupen fest, daß die Juristen zum überwiegenden Teil aus Familien von Beamten und Selbständigen stammten[60]. Neuere Untersuchungen zeigen, daß sich dieses Rekrutierungsmuster verschoben hat. Nach den 1980/82 erstmals vorgelegten Erhebungen von Gerhard Schmidtchen kommen 24 % der ihr Studium beginnenden Jura-Studenten (im Gegensatz zu 32 % der Referendare) aus Beamtenfamilien, ca. 60 % aus Selbständigen- und Angestelltenfamilien und ca. 11 % aus Arbeiterfamilien[61].
Rückschlüsse von der sozialen Herkunft auf die Gesinnung sind nun allerdings ebenso beliebt wie schwierig. Ohne die Ermittlung zusätzlicher Gesinnungsfaktoren lassen sie sich nicht zuverlässig gewinnen, wenn es auch gewisse sozialpsychologische Faustregeln gibt wie etwa die (wenig überraschende), daß die Herkunft aus Oberschichtfamilien eher zu einer sozial und politisch konservativen Grundhaltung motiviert als die Herkunft aus (oberen) Mittelschichtfamilien,[62] oder die (schon eher überraschende), daß die Herkunft aus Unterschichtfamilien insoweit Ähnliches wie die Herkunft aus Oberschichtfamilien bewirkt. Immerhin kommt Schmidtchen in der Auswertung der schon erwähnten Untersuchung zu dem Schluß, daß die ihr Studium beginnenden Jurastudenten politisch sogar noch weiter rechts stehen als die späteren Semester[63]. Einen die konservative Grundhaltung intensivierenden zusätzlichen Sozialisationseffekt des Studiums bestätigt er allerdings auch mit der Feststellung, daß die Staats- und Rechtsgläubigkeit der Juristen im Laufe ihrer beruflichen Sozialisation weiter ansteige[64].
Was verantwortlich konstatiert werden kann, sind Tendenzen. Pauschalierungen allerdings sind auch hier gefährlich, zumal geistige Modeströmungen und Verschiebungen der Rekrutierungssysteme eine differenzierende Wirkung ausüben. Ein erwähnenswertes Detail ist etwa die Tatsache, daß in immer stärkerem Maße Frauen in die Juristenberufe drängen – bei Schmidtchen waren es 47 % der Studienanfänger gegenüber 17 % der Berufsanfänger –, was angesichts der überwiegenden Ober- und Mittelschichtherkunft der Studentinnen den konservativen Standort des Juristenstandes befestigen wird[65]. Und konservativ heißt eben in diesem Zusammenhang auch: den auf technisch-ökonomischen Fortschritt fixierten Werthorizont unserer Gesellschaft bewahrend.

Persönlichkeitsprofil

Wie nicht zuletzt die genannten Untersuchungen und überdies eine Fülle von allenthalben erfahrbaren Indizien belegen, fühlen sich aber auch vor allem solche jungen Menschen vom Jurastudium bzw. vom Juristenberuf angezogen, deren Grundhaltung der nun schon mehrfach angesprochenen bewahrenden Wertungstendenz entspricht. Da wohl die wenigsten Juristen als »philosophische Köpfe« bezeichnet werden können, bleibt ihnen bei dieser bewahrenden Treue zu den einmal eingefahrenen zivilisatorischen Entwicklungstendenzen allerdings vielfach verborgen, daß soziopolitischer Konservativismus der Bewahrung überkommener Kultur- und Lebensformen zuwiderläuft[66]. Und so werden die meisten Juristen nolens volens zu geistigen Hilfsarbeitern der jeweiligen Zeitströmung, vorausgesetzt, daß diese Strömung bereits hinreichend etabliert ist, um ihren eher vordergründig angelegten Bewahrungsinstinkt zu befriedigen.

Fazit, oder: Ist die Altlast »Umweltrecht« überhaupt sanierbar?

Zum Abschluß all dieser Überlegung nun noch einige Bemerkungen zu den Chancen einer Sanierung der kognitiven Altlast, die eine Conditio sine qua non für die Gesamtsanierung der »Altlast Recht« darstellt. Diese Gesamtsanierung des Rechtes ist deshalb so schwierig, weil die hier skizzierte kognitive Prägung der Juristen im Medium des geistigen Bewegungsstils der Jurisprudenz voll ausgelebt werden kann und ausgelebt wird. Die Verfügbarkeit all der dilatorischen Formelkompromisse und unbestimmten Rechtsbegriffe, von denen unser Rechtssystem wimmelt, wie auch ganz allgemein die Ambivalenz der sog. juristischen Logik, die an der Ambivalenz der formalen Logik partizipiert, macht all dies möglich. »Neben dem Thron der Könige«, wußte Anaxarchos, ein Lehrer Alexanders des Großen, »sitzt Themis und stempelt ihre Willkür zu Recht«[67]. Daß die (letztlich wohl unaufhebbare) Parteilichkeit im Ringen der zwei großen Fortschrittslager auf diese Weise mit Brief und Siegel versehen wird, daß ihr die Aura der Authentizität zuwächst, ist das Besondere, das Gefährliche an dieser Situation.

Ist die Altlast »Umweltrecht« mithin nicht sanierbar?

Allein aus dem Kreis der Juristen heraus ist sie dies sicherlich nicht oder aber erst dann, wenn das Recht selbst strukturell reformiert ist und die Hüter des Rechts dann auf diesem Boden Antäus spielen können. Strukturell reformiert wird es aber nur dann, wenn der Zeitgeist sich noch stärker wandelt, als dies bis zur Stunde der Fall ist – wenn sich also die Umweltbedingungen weiter so rasant verschlechtern, daß die – dieser Anabasis Vorschub leistende – normative und exekutive Ineffizienz des Rechts zum Himmel schreit und Gegenmaßnahmen provoziert und induziert, wenn also das geschieht, was die sozialwissenschaftliche Systemtheorie als positive Rückkoppelung bezeichnet. Und so mag denn der – halb zynisch und halb tröstlich gemeinte – Schluß erlaubt sein, daß die zahlreichen Juristen, die die umweltpolitische Ineffizienz des Gesetzgebers noch verstärken, indem sie die »Altlast (Umwelt-)Recht« immer drückender werden lassen, zur Verstärkung des Rückkoppelungsdrucks und so letztendlich doch noch indirekt Wesentliches zu ihrer Sanierung beitragen.

II Zum Trost dann den »Naturstaat« oder: An der Verfassung liegt es nur bedingt

»Eigentlich«, so möchte man meinen, ist doch alles ganz einfach. Und wie einfach es »eigentlich« ist, hat ein deutscher Poet des 18. Jahrhunderts – Johann Peter Uz (1720–1796) – in Verse gebracht:

»Der ganzen Schöpfung Wohl ist unser erst Gesetze:
Ich werde glücklich seyn, wenn ich durch keine That
Dies allgemeine Wohl verletzte,
Für welches ich die Welt betrat.«[68]

Daß es auch und gerade unter den gegenwärtigen sozioökologischen Dekadenzbedingungen eine wachsende Zahl von Gesinnungsfreunden des Ansbacher Dichter-Juristen gibt, ist unabweisbar. Unabweisbar ist aber auch, daß »der ganzen Schöpfung Wohl« in den fortgeschrittenen Industriegesellschaften nicht »unser erst Gesetze« ist. Und dies noch nicht einmal auf dem Papier – so geduldig es auch ist und wäre.

1. Das Ringen um den konstitionellen »New Speak«

Als der Autor dieser Zeilen (im Jahre 1987 in Vorträgen an der Fachhochschule Weihenstephan und der Naturschutzakademie Laufen) den Begriff »Naturstaat« in die Ökologiedebatte einführte,[69] geschah es im rhetorischen Gewand der Ironie. Die Ironie galt einer absehbaren und sich inzwischen auch deutlich abzeichnenden Entwicklung. Der Begriff (der mit Michael Kloepfers »Umweltstaat« noch ein Pendant erhalten hat[70]) gewinnt in der ökologischen Diskussion an Raum[71]. Und im Zuge der allfälligen Verschärfung der sozioökologischen Krise, mit zunehmendem Verlust ihrer »Natürlichkeit« also, wird die BRD dann wohl demnächst auch von Verfassungs wegen als »Naturstaat« (oder dergleichen) firmieren können. Ob bzw. inwieweit dies dann eine echte Entlastung für die menschliche Um- und Mitwelt bedeuten wird, wird von der Intensität der Umsetzung dieser konstitutionellen »Naturstaatlichkeit« in das konkrete Rechtsleben abhängig sein.
Im Augenblick freilich sind wir noch nicht soweit. Der ökologische »New-Speak« (Orwell) ist zwar in Politik und Recht, Wirtschaft und Gesellschaft unverkennbar auf dem Vormarsch, hat aber offenbar noch

Schwierigkeiten, mit Anstand die Verfassungsebene zu erklimmen. Noch ist Deutschland kein »freiheitlicher, demokratischer, föderativer, sozialer und ökologisch orientierter Rechtsstaat«. Als solcher zu firmieren war der DDR in den letzten drei Monaten ihres Bestehens vorbehalten, nachdem die Volkskammer ihr im Juni 1990 in Art. 1 der »Verfassungsgrundsätze« noch dieses Etikett verpaßt hatte. Art. 20/28 GG aber präsentieren sich noch immer in ihrer Ursprungsform. Und auch die im rechtspolitischen Gespräch befindliche Ergänzung des Grundgesetzes durch einen neueinzufügenden Art. 20a ist fürs erste im Parteiengerangel untergegangen.
Die von der Regierungskoalition im Juni 1990 als Gesetzentwurf eingebrachte Fassung eines solchen Artikels 20a GG war freilich auch dürftig genug: »Die natürlichen Lebensgrundlagen des Menschen« – so Absatz 1 des Artikel-Entwurfs – »stehen unter dem Schutz des Staates«. Und Absatz 2: »Das Nähere regeln die Gesetze.«
Wäre diese Version (Verfassungs-)Gesetz geworden, so wäre damit nicht mehr geschehen als die Statuierung von zwei Selbstverständlichkeiten, gewürzt durch den untauglichen Versuch, die erste dieser Selbstverständlichkeiten durch eine zweite zu »entschärfen«. Sich mit einem solchen Trauerspiel auch noch in einiger Ausführlichkeit verfassungstheoretisch auseinanderzusetzen, mag zu Derartigem berufenen Juristenseelen vorbehalten bleiben. Ebenso unverkennbar wie unverständlich ist jedenfalls, daß ausgerechnet die ökologische Staatszielbestimmung nicht in die – die anderen Staatszielbestimmungen normierenden – Art. 20/28 GG aufgenommen werden sollen, obwohl es keinen sachlich zu rechtfertigenden Grund für eine solche Differenzierung (um nicht zu sagen: Diskriminierung) gibt. Wie bei der Rechtsstaats- und der Sozialstaatsidee geht es auch bei der Idee eines Naturstaats um die Sicherung und Förderung sozialer (und in diesem Fall vor allem auch natürlicher) Systeme und Strukturen, die für den Bestand und für das Wohl der gesellschaftlichen Gesamtheit von existentieller Bedeutung sind.
Die existentielle Bedeutung der natürlichen Systeme und Strukturen, die das Naturstaats-Konzept in erster Linie im Auge hat, ist nach menschlichem Ermessen sogar noch sehr viel schicksalsträchtiger als die der soziokulturell geprägten Systeme und Strukturen. Konnte Stefan George in »Das Neue Reich« die Ältesten noch sagen lassen:

»Der tempel brennt. Ein halbes tausend-jahr
Muss weiterrollen bis er neu erstehe«,[72]

so können wir Heutigen solche – noch vergleichsweise hoffnungsvollen – Erneuerungsperspektiven im Hinblick auf den zum Teil schon ausgebrannten und zum Teil noch brennenden Tempel der Natur kaum mehr teilen.

Hätte die normative Ausgliederung der ökologischen Staatszielbestimmung den erkennbaren Sinn, sie – im Hinblick auf die Virulenz der sozioökologischen Krise – besonders hervorzuheben, so wäre eine solche Lösung zumindest begründbar. In Wirklichkeit ist aber gerade das Gegenteil der Fall: Im Gegensatz zu allen anderen Staatszielbestimmungen des Grundgesetzes soll ausgerechnet diese – besonders brisante – einem direkten Gesetzesvorbehalt unterworfen und damit zugleich auch weit unter das umweltrechtliche Normierungsniveau der Länderverfassungen gedrückt werden, deren ökologische Schutzklauseln (mit Ausnahme der nordrhein-westfälischen) ebenfalls keinen Gesetzesvorbehalt kennen[73].
Wenn man mithin feststellt, daß dem Schutz der natürlichen Lebensgrundlagen bislang im Grundgesetz noch nicht einmal der Rang eines Staatsziels, geschweige denn der Rang der übrigen Staatsziele eingeräumt wurde – ja, daß Begriffe wie »Ökologie«, »Umweltschutz«, »Umweltpolitik« oder »Umweltrecht« in unserer Verfassung überhaupt nicht auftauchen, so mag man sich bei der Einsicht beruhigen, daß die von solchen Zu- und Be-griffen erfaßten empirischen und normativen Zusammenhänge von der Schutzwirkung anderer Staatszielbestimmungen mit umfaßt werden. Und als Potentialität gilt dies auch in der Tat. Die Entfaltungslogik der Rechtsstaats- und insbesondere auch der Sozialstaatsidee müßte zumindest die natürlichen Lebensgrundlagen »des Menschen« (wie in der Regierungsvorlage für den geplanten Art. 20 a GG spezifiziert wird) mit in ihren Schutzkreis einbeziehen. Daß diese normative Potentialität keine hinreichende legislative, administrative und judikative Aktualisierung erfahren hat, ist jedoch sattsam bekannt.
Wenn ein Bürger nicht einmal mehr die Freiheit hat, Wasser oder sonstige Lebensmittel ohne Zusatz von Giften zu genießen (und diese Einschränkung seiner Freiheit zumindest auch auf Übergriffe seiner Mitbürger zurückführbar ist), so wird er auf seinen »Rechtsstaat« nicht sehr stolz sein können. Und auch ein »Sozialstaat« ist nicht sehr viel wert, in dem die Fürsorglichkeit des Staates noch nicht einmal ausreicht, um die Bürger vor wechselseitiger (erkennbar auf wirtschaftliche Herrschafts- und Ausbeutungsstrukturen zurückführbarer) Kontamination zu schützen.
Ganz abgesehen aber von dem unverkennbaren Verzicht auf Aktualisierung der umweltpolitischen Potentialität anderer Staatszielbestimmungen, gilt für diese ähnliches wie für eine ökologische Staatszielbestimmung. Auch von ihrer Normierung hätte man sich mit der Begründung distanzieren können, daß ihr Schutzziel nicht hinreichend bestimmbar sei oder bei der normativen Entwicklungsdynamik anderer Staatszielbestimmungen tendenziell miterfaßt werde – was etwa für das Verhältnis von Rechtsstaats- und Volksstaatsprinzip zum einen und für das Verhältnis von Rechtsstaats- und Sozialstaatsprinzip zum anderen besonders augen-

fällig ist. Daß diese Alibi-Argumentation[74] in der verfassungspolitischen Debatte überhaupt auftaucht und daß die verschiedenen politischen Lager bislang noch nicht in der Lage waren, sich auf eine tragfähige Formulierung der ins Blickfeld gerückten ökologischen Staatszielbestimmung zu einigen, spiegelt jedenfalls den kognitiven und sozialen Stellenwert, der dem Schutz der natürlichen Lebensgrundlagen in unserer Gesellschaft heute noch zuerkannt wird – ganz so, als hätte sich in diesen nun 44 Jahren seit Erlaß des Grundgesetzes die »qualitá dei tempi« (um mit Niccolò Machiavelli zu sprechen) nicht so grundstürzend verändert, daß es für den »governmental (und daher auch constitutional) lag« keine Rechtfertigung mehr gäbe.

Zur Zeit der Entstehung des Grundgesetzes war weder »Umweltschutz« noch die »Ökologie« ein soziopolitisch brisantes und damit auch interessantes Thema. Wenn die Väter des Grundgesetzes – wie alle Verfassungsväter – für den Schutz der Menschen vor ihren Mitmenschen Sorge tragen wollten, so hatten sie ganz andere Dimensionen der Gefährdung im Auge als diejenigen, die in den letzten beiden Jahrzehnten eine so bedeutsame Verschärfung erfahren sollten. Die verfassungsrechtliche Vorsorge für die dauerhafte Vermeidung des Rückfalls in autoritäre oder gar totalitäre Formen der Staatlichkeit und die ökonomisch vorbereitete Beseitigung der zerstörerischen Spuren, die der Zweite Weltkrieg hinterlassen hatte, waren die der Verfassungsgebung wie auch der nachfolgenden Rechtssetzung und Rechtsanwendung zugrunde liegenden Zielvorstellungen. Weder die laufenden Fortschreibungen des Verfassungstextes noch die »Richtlinien« der (Tages-)Politik waren dazu angetan, diesen Zielrahmen in irgendwelcher Weise zu tangieren. »Selbstbewußt« rauchende Schornsteine wurden zum Signum einer ganzen Epoche.

Nicht nur »das Volk«, sondern auch diejenigen, die feierlich geschworen hatten, ihre Kraft seinem Wohle zu widmen, »seinen Nutzen (zu) mehren und Schaden von ihm zu wenden«[75], sonnten sich allenthalben selbstverloren im Spiegelglanz des deutschen »Wirtschaftswunders«, statt sich wie Gottfried Benn (selbst angesichts von »Faltern, Schilf und Immen«) zu fragen, »ob all diese Glücke stimmen«[76]. Und dies, obwohl die ökologischen Auswirkungen der zum allgemeinen Kultur»gut« gewordenen ökonomischen Wachstumsmentalität immer schwerer zu übersehen waren. Und dies auch, obwohl das Grundgesetz durchaus die normative Basis für eine ökologisch sinnvolle Ausgleichspolitik geboten hätte. Hinzuweisen ist nicht nur auf die Kompetenznormen der Art. 70 ff. GG, sondern vor allem auch auf die – in diesem Zusammenhang bereits erwähnten – Staatsstruktur- und Staatszielbestimmungen der Art. 20/28 GG. Wenn die Schatten, die das Wirtschaftswunder warf, nun allenthalben länger wurden, so trafen sie ja nicht zuletzt die – insoweit besonders betroffenen – Prinzipien der Rechts- und der Sozialstaatlichkeit.

Die als Folge der politisch priviligierten Wachstumsdynamik immer stärker in Erscheinung tretende Beeinträchtigung der natürlichen Umwelt des Menschen tangierte und tangiert unter mannigfachen Aspekten die – zum Kernbestand der Rechtsstaatlichkeit zählende – Grundrechtsordnung. In erster Line bedroht sie das Grundrecht auf Leben und körperliche Unversehrtheit (Art. 2 GG), strahlt aber zumindest indirekt auch auf das Grundrecht auf Eigentum (Art. 14 GG) sowie auf eine ganze Reihe anderer bürgerlicher Freiheitsrechte aus. Ein Staat, der dank einer durchgängigen rechtlich-politischen Priorisierung des Wirtschaftswachstums gravierende Gefährdungen von Leib und Leben sowie nicht minder gravierende Beeinträchtigungen der Gebrauchsqualität des Eigentums seiner Bürger zumindest mit in Kauf zu nehmen bereit ist, stellt jedoch nicht nur seine Qualität als Rechtsstaat, sondern auch seine Qualität als Sozialstaat in Frage. Sowohl die Qualität der Rechtsstaatlichkeit als auch die Qualität der Sozialstaatlichkeit (wie die rechtlich-politische Kultur eines Landes ganz allgemein) lassen sich nicht zuletzt an der Art und Weise ablesen, die den jeweiligen rechtlich-politischen Willensbildungsprozessen zugrunde liegen.

Daß im Verlauf solcher Chancen- und Risikenabwägungen die potentiellen positiven Auswirkungen wirtschaftlichen Wohlstands legitimerweise ein gewichtiges Argument zugunsten der Wirtschaftsförderung abgeben können, steht außer Frage. Außer Frage stehen müßte aber im Lichte unserer Verfassungsordnung auch, daß sich die rastlose Bemühung um die Erzielung wirtschaftlichen Wohlstands ad absurdum führt, wenn sie in einer Art und Weise erfolgt, die ihre sozialen Kosten den sozialen Nutzen übersteigen lassen – mit anderen Worten: Wenn sie die (doch letztendlich erstrebte) körperliche, geistige und seelische Wohlfahrt der Bürger eher zu schädigen als zu fördern geeignet ist.

Genau dies jedoch war (und ist) nach Auffassung einer unaufhörlich wachsenden Zahl von Wissenschaftlern und Bürgern seit langem der Fall.

Die in den verschiedensten Positionen zur Mitwirkung an der staatlichen Willensbildung Berufenen waren lange nicht bereit, die eingefahrene ökonomische Akzentuierung der rechtlich-politischen Willensbildungsprozesse auch nur zu problematisieren. Und als sie – nicht zuletzt unter dem Druck einer sich wandelnden öffentlichen Meinung – in verstärktem Maße dazu angehalten wurden, tendierten sie zumeist dazu, die durch ihre ökonomistische Orientierung provozierten Schäden zu bagatellisieren, um dann die überkommene Priorisierungstendenz um so ungestörter beibehalten zu können. Soweit die wachsende Zerstörung und Verseuchung der natürlichen Umwelt des Menschen überhaupt als genuines Verfassungsproblem erkannt und anerkannt wurde, wurde ihm jedenfalls von den zur rechtlich-politischen Repräsentation Berufenen auf allen

Ebenen staatlicher Willensbildung nur ein sehr bescheidener Stellenwert zuerkannt.

Die Antwort auf die tendenzielle Leugnung eines grundlegenden Zusammenhanges zwischen Ökologie und rechtlicher Grundordnung hat die Anfang der 70er Jahre einsetzende Bürgerinitiativbewegung bis hin zu ihrer Ausweitung zu einer allgemeinen Ökologie- und Alternativbewegung (samt deren partieller Transformation zu parteipolitischen Formierungen) gegeben.[77] Im Gegensatz zum überwiegenden Teil der politischen Repräsentanten waren die von ihnen Repräsentierten in immer geringerem Maße bereit, die allenthalben vorherrschende Vereinseitigung des konstitutionellen Wertesystems ohne weiteres hinzunehmen. Das – vom damaligen Generalsekretär der CDU, Heiner Geißler, im Jahre 1979 selbstkritisch diagnostizierte – »governmental lag«[78], das nicht zuletzt auch ein »constitutional lag« war, wurde zunehmend wahrgenommen. Unter dem tagtäglich verstärkt erfahrbaren Eindruck der allgemeinen Verschlechterung der sozioökologischen Situation besannen sich mehr und mehr Bürger auf ihre metaökonomischen Lebensinteressen – auf das also, was sich schon in einem frühen Stadium der Bürgerinitiativbewegung als »Qualität des Lebens« zur gängigen rhetorischen Münze entwickelt hatte.

Niemand wird behaupten können, daß die von den – vorwiegend umweltpolitisch motivierten – Bürgerinitiativen ausgehenden Impulse ohne Einfluß auf die Politik von Bund und Ländern blieben. Niemand wird aber auch leugnen können, daß schon der Anfang der 70er Jahre von der Regierung Brandt–Scheel unternommene Versuch, eine umfassende Umweltschutz-Gesetzgebung zu lancieren, zu äußerst bescheidenen Ergebnissen geführt hat. Ganz abgesehen von der zum Teil groteske Formen annehmenden Divergenz von normativer Rhetorik und administrativer Realisation, wurde schon sehr bald deutlich, daß die von der sozialliberalen Koalition immerhin ins Werk gesetzte Umweltgesetzgebung zahllose Lücken offenließ, die nahtlos im Sinne der tradierten Priorisierungstendenz ausgefüllt werden konnten[79].

Und seit dem Regierungswechsel des Jahres 1974, die den eher ökonomistisch als ökologisch orientierten Helmut Schmidt ins Kanzleramt brachte, konnte die Reaktion unter Berufung auf wechselnde Chiffren der jeweiligen sozioökonomischen Groß- und Kleinwetterlage – wie Konjunkturlage, Ölkrise oder Arbeitslosigkeit – ihr Visier auch wieder offen tragen. Was dann noch präsentiert wurde (wie etwa das gegenüber dem Entwurf gründlich verwässerte Abwasserabgabengesetz[80]), blieb meist schon im Ansatz Makulatur. Und manches geriet sogar ausgesprochen restaurativ. Der neuerliche Regierungswechsel des Jahres 1982, der nach nahezu anderthalb Jahrzehnten die erklärtermaßen primär wirtschaftspolitisch interessierte christdemokratische Opposition wieder ans Staats-

ruder brachte, besiegelte insofern lediglich eine zur Staatspraxis verfestigte Tendenz.
Die aktuellen und potentiellen Konsequenzen dieser Entwicklung können einem aufmerksamen Beobachter kaum verborgen bleiben. Die Tatsache, daß die Lehre vom Gleichgewicht der Natur im Rahmen des politischen Systems der BRD (das insoweit leider keine Sonderstellung einnimmt) bislang nur periphere Berücksichtigung fand, ist zumindest langfristig geeignet, dessen eigenes Gleichgewicht in Frage zu stellen. Die – den soziopolitischen Regelkreislauf reflektierende – politikwissenschaftliche Systemtheorie geht davon aus, daß die soziopolitischen Ergebnisse politischer Willensbildungsprozesse (zu denen nicht zuletzt auch die Reaktionen der Betroffenen zählen) im Medium korrektiver »Rückkoppelung« in die nachfolgenden Willensbildungsprozesse eingebracht werden. Je nachlässiger derartige Rückkoppelungen betrieben werden, desto eher gerät die Stabilität eines politischen Systems in Gefahr.
Daß auch unser eigenes politisches System mit einer derartigen graduellen Destabilisierung konfrontiert ist, ist unverkennbar. Obwohl diese Destabilisierungstendenz im Gefolge der Erweiterung der BRD um fünf weitere Bundesländer eher im Zeichen des ökonomischen West-Ost-Gefälles zu stehen scheint, sollte sich niemand darüber hinwegtäuschen, daß die viel tiefgreifendere Destabilisierungsgefahr von den Implikationen und Konsequenzen der – in krassem Gegensatz zum ökonomischen Schein-Reichtum stehenden – ökologischen Verelendung ausgeht. Die sukzessive Stillegung der gröbsten Verschmutzungsquellen in West und (vor allem) Ost markiert lediglich die Spitze des Eisberges. Die unter der Oberfläche lauernden Gefahren entwachsen eher der Normalität als der Anormalität. Diese Normalität aber stellt sich nicht zuletzt als Folge der hohen strukturellen und funkionellen Verflechtung des Staates mit seinem sozioökonomischen Substrat – dem wachstumsorientierten Industriesystem also – dar. Diese auf nahezu allen Ebenen politischer Willensbildung diagnostizierbare Verflechtung hat zwar nicht de jure, wohl aber de facto zu einer fortlaufenden Souveränitätsminderung des Staates geführt.
Für weniger aufmerksame Beobachter wurde dieser (im vierten Kapitel dieses Buches ausführlich erörterte) Prozeß der fortlaufenden Souveränitätsminderung durch das Begleitphänomen einer gleichfalls fortlaufenden Unitarisierung und Zentralisierung des politischen Lebens verwischt. Der faktische Handlungsspielraum der staatlichen Instanzen jedoch wurde durch diese Entwicklung erheblich eingeengt.
Sowohl die aktuelle als auch die künftige Handlungsfähigkeit des Staates werden vor allem durch Entwicklungen in drei Bereichen beeinflußt:
(1) die Folgen der Kreditaufnahme,

(2) die Entwicklung von Altersstruktur der Bevölkerung, Arbeitsmarkt und Armut,
(3) die Funktion des Staates als Arbeitgeber.

Allein der Zinsanteil am Gesamtbundeshaushalt beträgt seit 1982 über 10 %[81]. Und rechtlichen Ausdruck findet es wohl nicht zuletzt auch in der Tatsache, daß sich die politischen Repräsentanten trotz stetig wachsenden Rückkoppelungsdruckes noch nicht einmal zu dem Akt einer konstitutionellen Verankerung des Um- und Mitweltschutzes als Staatsziel durchringen konnten – zu einer zunächst einmal vorwiegend symbolischen Normierungsgeste also, die sich nun seit mehr als zwanzig Jahren im verfassungspolitischen Gespräch befindet.

2. Umweltgrundrecht oder ökologische Staatszielbestimmung?

Im Vordergrund der verfassungspolitischen Diskussion um eine stärkere verfassungsrechtliche Verankerung des Um- und Mitweltschutzes stand zunächst eher die Frage der Einführung eines Umweltgrundrechts als die der Einführung einer ökologischen Staatszielbestimmung. Die Forderung nach einem solchen Grundrecht wird heute allerdings beinahe nur noch aus dem Kreise ökologisch orientierter und engagierter Laien, kaum mehr jedoch aus Juristenkreisen heraus formuliert. Nach der ersten Euphorie gewann (mit guten Gründen) die Überzeugung Raum, daß sich die Normierung eines solchen Umweltgrundrechtes – von seinem Signalcharakter einmal abgesehen – eher als kontraproduktiv erweisen müßte.

Wenn ich mich seit Anfang der 70er Jahre (als dieses Thema in umweltpolitisch besonders progressiven Kreisen erstmals diskutiert wurde) stets gegen die Aufnahme eines allgemeinen Umweltgrundrechts ins Grundgesetz ausgesprochen habe[82], so nicht zuletzt aufgrund der Erfahrungen mit dem Vollzug von Art. 2 GG, dem der – ihm eigentlich zukommende – Rang in der Praxis der Rechtssetzung und Rechtsanwendung kontinuierlich versagt wird und wurde. In dem sog. Mutter-Grundrecht auf Leben und körperliche Unversehrtheit hätten wir nämlich so etwas wie ein (wenn auch anthropozentrisch akzentuiertes) allgemeines Umweltgrundrecht – ein Recht freilich, das weder in genügender Breite und Entschiedenheit für die Anliegen des Umwelt-, Lebens- und Gesundheitsschutzes in Anspruch genommen noch mit genügender Konsequenz rechtlich anerkannt wird.

Ein auch ausdrücklich als solches firmierendes Umweltgrundrecht würde daran wohl kaum etwas ändern, weil es – wie selbst ökologisch motivierte Juristen eingestehen müssen – wegen seiner nicht vernünftig bestimmbaren, ab- und eingrenzbaren Eigendynamik nicht mit hinreichender Aussicht auf Erfolg einklagbar wäre. Zumindest im Ansatz würde damit die verfassungsrechtliche Überlagerung der im ersten Kapitel dieses Buches als anachronistisch und dysfunktional decouvrierten Schutznormtheorie[83] wieder aufgehoben bzw. ins Abseits geführt. Die vom Verfassungsgeber eingerissenen Dämme müßten (und würden) dann aller Voraussicht nach von der Rechtsprechung mit den Baustoffen einer restriktiven Verfassungsauslegung wieder errichtet werden.

Ein derart zur Ineffizienz verurteiltes allgemeines Umweltgrundrecht würde daher auch aller Voraussicht nach zu erheblichen Enttäuschungen führen, den Glauben an die Wirkkraft der Grundrechte weiter mindern und damit auch dem seit nun mehr als zwei Jahrzehnten durch gegenläufige Tendenzen zur Priorisierung stark belasteten sozio- und politökologischen Klima unserer Gesellschaft zusätzliche Turbulenzen bescheren. Nützen würde die Einführung eines solchen Rechts eigentlich nur – oder doch vor allem – jenen, die sich die Aufnahme dieses Rechts politisch ins Knopfloch heften und dann den mit unserer Rechtskultur kaum zu vereinbarenden Tombak als Gold verkaufen würden.

Den Umweltgrundrechts-Pfad unter den gegenwärtigen rechtskulturellen Bedingungen weiter zu beschreiten, wäre mithin wenig ratsam. Als eine (sinn)fällige Systematisierung denkbar und möglich erschiene mir die Beschreitung dieses Pfades erst bei einer nachhaltigen Fortentwicklung unserer politischen Kultur und unserer Rechtskultur in Richtung auf eine durchgehende Ökologisierung des Rechtes. Von einer solchen Entwicklung könnte man – um zwei besonders aussagekräftige Indizien zu nennen – etwa dann ausgehen, wenn sich die einflußreichsten Politiker nicht mehr (wie heute) vorrangig nach dem Amt des Finanz- oder Wirtschaftsministers, sondern nach dem des (dann hoffentlich eine andere Amtsbezeichnung tragenden) Ministers für »Umwelt, Naturschutz und Reaktorsicherheit« drängen werden, und wenn die Berufung auf Art. 2 GG vor den Gerichten zumindest genauso schwer oder gar schwerer wiegt als die Berufung auf Art. 14 GG, was bislang durchaus nicht der Fall ist. Ansprüche nämlich, die sich auf Art. 14 GG stützen, haben heute noch sehr viel größere Chancen, anerkannt zu werden. Daß Eigentumsschutz vor Um- und Mitweltschutz geht (um in der Sache nochmals an Christoph Senings schon im ersten Kapitel erwähntes Dictum zu erinnern[84]), liegt nun einmal auf der Linie der – trotz aller demoskopisch ermittelter ökologischer Lippenbekenntnisse – für unsere Gesellschaft charakteristischen Tendenz zur Priorisierung.

Daß eine Umkehr dieser Tendenz der immer dramatischere Formen annehmenden Dekadenzdynamik überfällig wäre, ist kaum abweisbar. Ein sinnvoller Beitrag der Verfassungspolitik bzw. des Verfassungsrechts zur Förderung dieser Umkehrung wäre daher auch die Einführung einer *vorrangigen* Staatszielbestimmung, die der schlichten Erkenntnis Rechnung tragen würde, daß ohne Leben auch kein Streben (wonach auch immer) möglich ist.

Davon, daß der Schutz der natürlichen Lebensgrundlagen eine »vorrangige« bzw. »erstrangige« Pflicht des Staates sei, sprechen nun zwar die Landesverfassungen von Bayern und dem Saarland.[85] Das Adjektiv »vorrangig« meint hier allerdings nicht mehr, als der Entwurf der SPD für den geplanten Art. 20 a GG im Auge hatte, wenn er vorschlug, den Schutz der natürlichen Lebensgrundlagen unter den »besonderen« Schutz des Staates zu stellen. Er wollte die Ernsthaftigkeit dieser Inschutznahme, nicht aber ihre rechtliche Priorität betonen.

Die Wünschbarkeit einer solchen rechtlichen Vorrangigkeit nämlich ist ein Ding, ihre Machbarkeit ein ganz ander Ding. Ist es schon unwahrscheinlich, daß eine solche Klausel je erlassen würde, so ist es noch unwahrscheinlicher, daß sie in Kraft gesetzt werden könnte. In der Rechtspraxis nämlich müßte sie großen Schwierigkeiten begegnen, da das Rad der Geschichte nun einmal nicht aufgehalten werden kann. Bei den heutigen Bevölkerungszahlen würde menschlicher Handel und Wandel selbst bei deutlich zurückgenommener Inanspruchnahme der Natur zwangsläufig zu einer mehr oder minder hohen Beeinträchtigung unserer natürlichen Um- und Mitwelt führen. Einer solchen Staatszielbestimmung echte juristische Priorität zuzuerkennen, hätte mithin im Hinblick auf die konkreten Möglichkeiten des Rechtslebens einen ähnlich illusionären (und daher letztendlich auch kontraprodukiven) Charakter wie die formelle Zuerkennung eines allgemeinen Umweltgrundrechtes.

All dies war wohl auch den Länder-Verfassungsgebern klar, als sie ihre mit Pseudo-Priorität ausgestatteten Schutzklauseln formulierten. Daß sie sich dennoch zu einer solchen Formulierung bemüßigt fühlten, ist freilich ein Indiz dafür, daß sie um die rechte Akzeptanz bei den Adressaten dieser Normen besorgt sein müßten.

Was mithin billigerweise zu erwarten und zu fordern wäre, ist – trotz des hypothetischen Ausgleichspotentials einer solchen Steigerung – nicht so sehr die »vorrangige«, wohl aber die (zumindest) gleichrangige Statuierung einer ökologischen Staatszielbestimmung auf Bundes- und Länderebene. Und zur Betonung dieser Gleichrangigkeit wäre es auch angemessen, einer solchen Bestimmung den angestammten Ort der Staatszielbestimmungen des Grundgesetzes zuzuweisen, d. h. also, sie in Art. 20/28 GG zu integrieren. Nicht zuletzt durch diese Integration würde klar, daß sich die Entfaltungsdynamik eines Staatsziels Ökologie in einer gewissen Abstimmungsharmonie mit der Entfaltungslogik und -dynamik der anderen in Art. 20/28 GG genannten Staatsstruktur- und Staatszielbestimmungen zu aktualisieren hat. Gerade diejenigen, die unvorhersehbare, potentiell zivilisationssprengende Konsequenzen von dieser

Klausel befürchten, müßte eine solche Lösung eigentlich beruhigen und befriedigen.
Die Bedeutung einer ökologischen Staatszielbestimmung wäre eine doppelte[86]: Zum ersten würde sie – je nach Formulierung – einen rechtsverbindlichen Auftrag an alle Staatsorgane vom Gesetzgeber über Regierung und Verwaltung bis hin zu den Gerichten implizieren, dem Um- und Mitweltschutz besondere Sorgfalt zuwenden. Zum zweiten käme einer solchen Staatszielbestimmung aber auch eine wertakzentuierende und wertintegrierende, auf die gesamte politische und soziale Kultur in Bund und Ländern ausstrahlende Wirkung zu. Gerade diese Signal-, Impuls- und Erziehungsfunktion darf in ihrer Wirkkraft nicht unterschätzt werden.
Da – wie schon im ersten Kapitel erwähnt – der Charakter der sog. juristischen Logik den Charakter der formalen Logik teilt, gibt sie nicht nur dem Rechtssetzer, sondern vor allem auch dem administrativen und judikativen Rechtsanwender eine Fülle von Möglichkeiten an die Hand, die natürlichen Lebensgrundlagen mit Hilfe bestehender Rechtsvorschriften zu schützen, wobei nicht zuletzt den unbestimmten Rechtsbegriffen – dem Öl im Getriebe des Rechts – eine große Bedeutung zukommt. Als normative Abwägungs- und Auslegungshilfe kann eine Staatszielbestimmung den Rechtsanwender legitimieren und ermutigen, von diesen Möglichkeiten Gebrauch zu machen. Die Erfolgsgeschichte der Sozialstaatsklausel, deren Karriere als bloßer »dilatorischer Formelkompromiß« (Carl Schmitt[87]) begann und die sich dann im Zuge der Entfaltung ihrer Interpretationsdynamik zu einer der Hauptsäulen des bundesrepublikanischen Verfassungssystems entwickeln sollte, mag die Plausibilität dieser (Hypo-)These belegen. Und daß die ökologische Frage – je nach regionalem Bezugsraum – vor oder neben der sozialen Frage die drängendste Frage unserer Zeit ist, bedarf wohl kaum mehr besonderer Betonung.
Angesichts solcher Perspektiven wird sich der eine oder andere Leser vielleicht fragen, weshalb die Integration einer ökologischen Staatszielbestimmung dann in der Überschrift dieses Kapitels eher resignativ bis ironisch apostrophiert wird. Und der Titel »Zum Trost dann den Naturstaat« spiegelt in der Tat die Erwartung, daß ökologisch einigermaßen vertretbare Verhältnisse am ehesten und leichtesten auf der Ebene getragener bis pompöser Verfassungsrhetorik hergestellt werden können. Der Terminus »Naturstaat« steht insoweit als Chiffre für die Art und Weise, in der die gesellschaftliche Praxis mit Begriffen zu Werbungs- und Beschwichtigungszwecken umzugehen pflegt. Die entwertende Note der Verwendung des Begriffs läßt sich aber selbstverständlich auch affirmativ umakzentuieren. Der »Naturstaat« wird dann zum Sammelbegriff und Katalysator für alle Tendenzen und Bestrebungen, Staat und Politik in

stärkerem Maße auf eine Rücksichtnahme auf die uns tragende, aber auch um ihrer selbst willen in sich ruhende Natur zu verpflichten. In diesem Sinne wurde der Begriff in Klaus Michael Meyer-Abichs »Aufstand für die Natur« (1990) und tendenziell auch in meiner »Politischen Theorie des Verfassungsstaats« (1991) umrissen[88]. Hierauf möchte ich verweisen.

Daß der Versuch, dem Begriff des »Naturstaats« Substanz zuwachsen zu lassen, die Bemühung einschließt, den soziopolitischen Umgang mit der Natur in stärkerem Maße von der Anthropozentrik zur Bio-, Physio- oder Kosmozentrik hin zu entwickeln, liegt auf der Hand. Schon eine in einer aufgeklärteren (um nicht zu sagen: erleuchteteren) als der bislang erfahrbaren Weise gehandhabte Anthropozentrik könnte freilich einem »Natur«staat den Weg bereiten, wenn die Brücke von der Ich- und Wir-Besessenheit zur Du- und Ihr-Orientierung auch rechtlich-politisch konsequent beschritten wird, wenn auch die Rechtsgemeinschaft ihr Leben »in wachsenden Ringen« lebt, »die sich über die Dinge ziehen« (Rainer Maria Rilke)[89].

Daß eine derartige – wenn auch noch so mühsame und schmerzliche – Entwicklung ansteht, ist nicht nur zu hoffen, sondern letztlich auch zu erwarten. Und wenn in mehr oder minder konservativen Juristenkreisen die Skepsis und Reserve gegenüber der Ausrufung des »Naturstaats« in Form einer wie immer gearteten ökologischen Staatszielbestimmung im Augenblick auch noch überwiegen mag (was sich nicht nur anhand einer Vielzahl von Artikeln in juristischen Fachzeitschriften, sondern auch anhand der Protokolle parlamentarischer Anhörungen belegen läßt), so wird diese Skepsis und Reserve bei weiter wachsendem umweltpolitischen Druck von unten und von nebenan schon bald der Einsicht in die zumindest politischen Möglichkeiten eines solchen Schrittes weichen, wie etwa das Beispiel Bayerns und seiner vergleichsweise progressiven Ökologie-Klausel zeigt[90]. Und dies nicht nur – wie schon heute erkennbar – im Kreise der aktiven Politik, sondern auch im Umkreis der direkten und indirekten Politikberatung.

Gerade die bislang gezeigte Reserve und überdies auch das erbitterte Ringen um einzelne Formulierungen der in Reichweite gerückten Ökologieklausel des Grundgesetzes zeigt jedoch an, daß die hier aufgezeigte optimistische Entwicklungsvariante nur eine von mehreren möglichen ist. Sollte sich – etwa bei wachsenden Schwierigkeiten, die Integration der östlichen Bundesländer ohne Minderung des Lebensstandards in den westlichen Bundesländern finanziell zu tragen, oder auch im Gefolge von Strukturveränderungen des Weltmarkts – stärkerer ökonomischer Druck bemerkbar machen, so ist es äußerst wahrscheinlich, daß der dann (in dieser oder einer anderen Sprachform) zum Staatsziel erhobene »Umweltstaat« oder »Naturstaat« zur Alibi-Formel wird. Hinter ihr ließe sich

nicht nur umweltpolititsche und umweltrechtliche Stagnation, sondern sogar antiökologische Restauration trefflich verstecken.
Ebenso wie die Verfolgung eines umweltpolitisch progressiven würde freilich auch die Verfolgung eines solchen umweltpolitisch reaktiven Pfads einen vergleichsweise hohen Konsens in Politiker- und Juristenkreisen voraussetzen – einen Konsens, der angesichts der in der Gesellschaft vorfindbaren unterschiedlichen Motivierungs- und Priorisierungstendenzen kaum zu erreichen sein dürfte. Auch der neuerliche dilatorische Formelkompromiß der Umwelt- oder Naturstaatlichkeit wäre (bzw. wird) mithin dem freien Spiel der soziopolitischen Kräfte samt ihren zeitkonjunkturellen Schwankungen, Moden, Auf- und Abschwüngen unterworfen (sein). Diese freilich gehört zu den letztlich unaufhebbaren Schicksalhaftigkeiten jeder Rechtsentwicklung.

III Auch auf den »sozialen Rechtsstaat« ist (kein) Verlaß oder: Glanz und Elend der Schranken

Wenn etwas das Selbstbewußtsein Nachkriegs-Deutschlands wie auch anderer fortgeschrittener Industriegesellschaften des euro-amerikanischen Kulturkreises geprägt hat, so war es der Anspruch und die Überzeugung, im Rechtsstaatskonzept (formales) Recht und (materiale) Gerechtigkeit in besonderer Weise gefaßt und gesichert zu haben. Im Verein mit dem Demokratie- und dem Sozialstaatskonzept wurde die Rechtsstaatlichkeit zum zentralen Humanitätssiegel unserer Gesellschaft[91].
Die Rechtsstaatlichkeit ist nicht nur das historisch älteste, sondern auch das altehrwürdigste der Strukturelemente des modernen Verfassungsstaates. Sowohl in der Rechtstheorie als auch in der Rechtswirklichkeit hat es – wenn auch nur Schritt um Schritt und in zähem Ringen mit den Beharrungstendenzen des mehr oder weniger schrankenlosen Obrigkeitsstaates – nachhaltiger Fuß gefaßt als irgendein anderes Grundprinzip unseres Gemeinwesens. Im Zeichen der sich weltweit manifestierenden ökologischen Krise ist die Rechtsstaatlichkeit heute freilich im Begriff, die zentrale Legitimationsrolle einzubüßen, die ihr bisher zukam.
Wenn es nämlich darum geht (und nicht wenigen gesellschaftlichen Kräften geht es darum), die Bäume umweltpolitischer Reform nicht in den Himmel wachsen zu lassen, so ist auch auf die – inzwischen zum »soziale(n) Rechtsstaat« (Art. 28, Abs. 1 GG) verdichtete – Rechtsstaatlichkeit (kein) Verlaß[92]. Und dies in zumindest dreifacher Hinsicht (nicht): – Zum ersten nämlich war (und ist es noch immer) die geschichtliche Aufgabe der Rechtsstaatlichkeit, dem staatlichen Eingriffspotential Schranken zu setzen und damit den Rechtsunterworfenen einen mehr oder minder staatsfreien Daseins- und Entfaltungsraum zu sichern, was – im Zeichen der sich laufend verschärfenden sozioökologischen Krise dringend erforderlichen – umweltpolitischen Vorstößen immer wieder die Spitze nimmt. – Zum zweiten erweisen sich aber umgekehrt auch rechtsstaatliche Schranken nicht selten als allzu leicht überwindbar, wo sie den lebens-, gesundheits- und freiheitsgefährdenden Implikationen und Konsequenzen sozioökologischer Fehlentwicklungen die Stirne bieten sollten. – Und zum dritten schließlich bietet nicht zuletzt die – zumeist immer noch einseitig im Lichte der traditionellen sozialpolitischen Zielsetzungen interpretierte – Kompromißformel des »*sozialen* Rechtsstaats« das programmatische Alibi sowohl zur Aufrichtung als auch zur Niederhaltung

staatlicher Schranken, wenn die Minimierung umweltpolitischer Fortschritte auf der Tagesordnung steht.
Von diesen drei Dimensionen umweltrechtlicher Kontraproduktivität des Staatsstruktur- und Staatszielprinzips der sozialen Rechtsstaatlichkeit wird nun in diesem Kapitel die Rede sein.

1. Der Rechtsstaat als umweltpolitischer Hemmschuh

Das – in Art. 20 und Art. 28 des Bonner Grundgesetzes verankerte – Rechtsstaatsprinzip wird gemeinhin durch sog. formelle und sog. materielle Strukturelemente charakterisiert. Bei den formellen handelt es sich um rechtlich-politische Struktur- und Funktionsprinzipien wie Trennung der Gewalten, Gesetzmäßigkeit von Verwaltung und Rechtsprechung, Unabhängigkeit der Richter etc. Als materielle Strukturelemente gelten insbesondere die Grundrechte, deren harter Kern, die Wesensgehaltsgarantie (Art. 19, Abs. 2 GG) durch das Verhältnismäßigkeitsprinzip – ein weiteres formelles Strukturelement der Rechtsstaatlichkeit – konkretisiert wird.
Während die formellen Strukturelemente der Rechtsstaatlichkeit aus dem gesellschaftlichen Raum erwachsenden umweltpolitischen Reformimpulsen aus sich heraus in aller Regel keine Hindernisse in den Weg zu legen vermögen, sie zuweilen sogar fördern oder gar in die Wege leiten können – man denke etwa an die Pionierfunktion mancher Gerichtsurteile –, können sich materielle Strukturelemente sehr wohl als umweltpolitischer Hemmschuh erweisen. Da das Gros der Grundrechte sowohl in seiner Zielsetzung als auch in seiner Wirkweise als »status negativus« kollektive Eingriffe in einen mehr oder minder eng umgrenzten individuellen Freiraum wenn nicht gänzlich behindern so doch erheblich erschweren soll, erstreckt sich diese Intention und diese Funktion implicite auch auf das umweltpolitische Eingriffspotential des Staates. Im Bezugssystem der deutschen Grundrechtsordnung wird dies vor allem im Wirkkreis des Grundrechts auf »freie Entfaltung (der) Persönlichkeit« (Art. 2, Abs. 1 GG) und des Grundrechts auf Eigentum (Art. 14 GG) deutlich.
Wenn hier vom »Wirkkreis« des Grundrechts auf freie Entfaltung der Persönlichkeit und des Grundrechts auf Eigentum die Rede ist, so ist keineswegs nur vom rechtlichen, sondern nicht zuletzt auch vom politischen Wirkkreis die Rede. Obwohl die Eingriffschranken zunächst einmal und in erster Linie als *rechtliche* Schranken formuliert sind, erweisen sie *als solche* sich bei genauerem Zusehen als keineswegs unüberwindbar. Sowohl beim Freiheits- als auch beim Eigentumsrecht sind die Einfallspforten schon auf den ersten Blick erkennbar. Das »Mutter-«Grundrecht auf »freie Entfaltung (der) Persönlichkeit« (Art 2, Abs. 1 GG) will zugleich

auch »Leben und Gesundheit« (Art. 2, Abs. 2 GG) der Grundrechtsträger schützen, was sich in der rechtlichen Konkretisierung ebenso als immanenter Widerspruch erweisen mag wie die (im Grunde selbstverständliche) Bindung der Entfaltungsfreiheit an die »verfassungsmäßige Ordnung oder das Sittengesetz« (Art. 2, Abs. 1 GG).
Und obwohl diese Bindung nach »herrschender Lehre« der Ausübung aller Grundrechte als sog. immanente Grundrechtschranken auferlegt ist,[93] wird das für unsere ganze Sozialverfassung so grundlegende Grundrecht auf Eigentum gleich zweifach mit (zusätzlichen) Schranken umhegt. »Inhalt und Schranken werden durch die Gesetze bestimmt«, heißt es in Art. 14, Abs. 1, S. 2 GG lapidar. Welchen Leitlinien diese Inhalts- und Schrankenbestimmung zu folgen hat, ergibt sich aus Art. 14, Abs. 2 GG, wo es nicht minder lapidar heißt: »Eigentum verpflichtet. Sein Wohl soll zugleich dem Wohle der Allgemeinheit dienen.« Und selbst der innerste Mauerring der Grundrechtsfestung – die sog. Wesensgehaltsgarantie – ist nicht gänzlich undurchlässig.
Da die Konkretisierung dieser Garantie unter Heranziehung des Verhältnismäßigkeitsprinzips – und damit eines Abwägungverfahrens erfolgt – werden auch hier dem »pflichtgemäßen Ermessen« weite Interpretationsspielräume eröffnet. Rechtliche Möglichkeiten, auch die beiden genannten, im Hinblick auf die potentielle Abwehr umweltpolitischer Impulse besonders sensiblen Grundrechte an die Kandare der Reform zu nehmen, gäbe es mithin zuhauf. Und doch ist bei näherem Zusehen unverkennbar, daß diese Grundrechte immer wieder direkt und (mehr noch) indirekt zum Hemmschuh für eine weitsichtige Umweltpolitik werden. Warum?
Der vom Bundesverfassungsgericht im Zuge der Umgrenzung der Pressefreiheit (Art. 5, Abs. 1 GG) im sog. Lüth-Urteil entwickelte Grundsatz, daß auch bei der Festlegung von Grundrechtsschranken die Zielsetzung des beschränkten Grundrechts mit berücksichtigt werden muß[94], daß also auch die Grundrechtsschranken selbst durch das zu beschränkende Grundrecht beschränkt werden, hat unmittelbare rechtliche, vor allem aber mittelbare politische Konsequenzen. Er bekräftigt eine – als gesellschaftliche Grundstimmung ohnedies vorhandene – Tendenz unserer politischen Kultur und unserer Rechtskultur, die sich zwar des juristischen Eingriffspotentials sehr wohl bewußt, zugleich aber wenig geneigt ist, davon in einer mehr als peripheren Weise Gebrauch zu machen. Abgesehen von dieser hierzulande wie auch in einigen europäischen Nachbarländern besonders stark entwickelten, lauen (Umwelt-)»Politik des peripheren Eingriffs«[95], ähneln die rechtskulturellen Bedingungen Deutschlands denen der USA, wo die auf ein anachronistisches Freiheitspathos pochende allgemeine Marlborough-Mentalität und das – nicht zuletzt durch wirtschaftlichen Wohlstand demonstrierbare – calvinistische Prädestinationsethos[96] noch immer üppige Luftwurzeln treiben.

Hier wie dort erstrecken sich daher auch weite Räume umweltpolitischer Finsternis, eröffnen sich freilich auch immer wieder »lucida intervalla«. Daß aus einem – zu motorisierten Kentaurentum[97] transformierten – Volk von Cowboys und Möchtegern-Cowboys per Gesetz ein Volk von Easy Riders gemacht werden konnte, das mit Höchstgeschwindigkeiten zwischen 90 und 100 Stundenkilometern über endlose Autobahnen schleicht, ist immerhin erstaunlich. Erstaunlich jedenfalls für Angehörige eines Volkes, das mehrheitlich sein Grundrecht auf freie Entfaltung der Persönlichkeit in der rechtlich gewährleisteten Maxime »freie Fahrt für freie Bürger« gespiegelt sehen will. Ebenso erstaunlich dies übrigens wie die Tatsache, daß man sich in einem Land, in dem das trotzige »this is a free country« allenthalben vernehmbar ist, einem Land auch, das mit unglaublich laschen Emissionsstandards und einem skandalösen Energieverbrauch aufwartet, keineswegs scheut, Umweltschutzverbänden ein Verbandsklagerecht einzuräumen[98] oder »Mit«-Raucher (unter Einschränkung der Freiheit der Raucher) nachhaltig zu schützen – umweltpolitische Leistungen zu vollbringen also, auf die man in Deutschland und den meisten europäischen Nachbarländern wohl noch lange wird warten müssen.

Trotz aller – aus konkreten raum-zeitlichen Umständen erklärbaren – Methoden- und Phasenverschiebungen in der Reaktion auf sozioökologische Herausforderungen bleibt die gemeinsame Regelhaltung der rechtskulturell bedingten Scheu vor Eingriffen in das, was als persönliche Freiheits- und Eigentumssphäre empfunden wird. Von ihr getragen ist hierzulande der Verzicht auf eine umweltpolitisch vertretbare Verkehrspolitik[99]. Von ihr getragen ist der etwa in der sog. Landwirtschaftsklausel des Bayerischen Naturschutzgesetzes (Art. 6, Abs. 2) manifest gewordene Verzicht auf Eingriffe in die nicht nur der Landschaftskultur, sondern auch der Volksgesundheit erheblichen Schaden zufügende para-industrielle Agrarproduktion[100]. Von ihr getragen ist der Verzicht auf eine wirksame, weil nicht in ausreichender Intensität im Vorfeld der Müllreduzierung einsetzende Abfallpolitik – ein Verzicht, der etwa das Verbot der Einwegflasche am hartnäckigen Widerstand eines einzigen Konzerns (»Lex Aldi«) scheitern ließ. Von ihr getragen ist der Verzicht auf wirklich »greifende« Abwassergebühren[101]. Aus ihr erklärbar ist eine lange Reihe von legislativen, administrativen und judikativen Halbherzigkeiten, Nachlässigkeiten und Versäumnissen, die auch durch die munterste Umwelt-Rhetorik und den eifrigsten (Pseudo-)Aktivismus der offiziellen Umwelt-Politik nicht wettgemacht werden kann.

Die all diese Verzichte tragende, aus der Internalisierung des Grundrechts auf freie Entfaltung der Persönlichkeit und des Grundrechts auf Eigentum resultierende Zurückhaltung hat tiefgreifende geschichtliche Wurzeln. Die Tradierung des römisch-rechtlichen, auf nahezu absolute

Verfügbarkeit ausgerichteten Eigentumsbegriffs und das Aufatmen des – im 19. und 20. Jahrhundert aus mannigfachen Alpträumen von Unmündigkeit erwachsenden – Aktivbürgers gehört zu diesem historischen Wurzelgrund. Auf die naheliegende Frage, warum diese Wurzeln das Bewußtsein der Gesellschaft stärker zu nähren scheinen als die aus dem germanischen Recht überkommenen, den Gemeinschafts- und Genossenschaftsgedanken stärker betonenden, lassen sich eine ganze Reihe von Antworten finden.

Eines jedenfalls ist unverkennbar: Der soziokulturelle und rechtskulturelle Rekurs auf den einen oder den anderen Traditionsstrang hängt in entscheidender Weise von der jeweiligen »qualità dei tempi« im Sinne Machiavellis ab[102]. Und bis zur Stunde zählt – ungeachtet aller anderslautender Lippenbekenntnisse – das von des sozioökologischen Krisengedankens Blässe noch kaum angekränkelte technisch-ökonomische Fortschrittsdenken[103] zu den diese »qualità dei tempi« prägenden Kräften.

So wie die Gesetzgebung und die – deren Produkte nicht immer, aber häufig genug noch weiter abschwächende – Verwaltung aus dieser soziokulturellen und rechtskulturellen Grundhaltung heraus dafür sorgen, daß man dem Freiraum des »Einzige(n) und sein(es) Eigentum(s)« (um, ein wenig überzeichnend, an das Hauptwerk des deutschen Anarchisten Max Stirner aus dem Jahre 1845 zu erinnern) nicht zu nahe tritt, tut auch die Rechtsprechung das ihre, um ihn abzusichern. Als Sicherungsmedium bedient sie sich dabei in aller Regel des Prozeßrechts bzw. einer entsprechend stromlinienförmigen Interpretation des Prozeßrechts, das dem erstrebten Zweck auf mannigfache Weise dienstbar gemacht werden kann.

Das Erstaunliche bei dieser – an einer Vielzahl von Indikatoren ablesbaren – Tendenz ist, daß auch (und in mancherlei Hinsicht gerade) die Rechtsprechung die gesamtgesellschaftlich diagnostizierbare Privilegierung von Entfaltungs- und Eigentumsfreiheit gegenüber dem – doch mit derselben verfassungsrechtlichen Wertigkeit ausgestatteten – Recht auf Leben und körperliche Unversehrtheit mit trägt und fördert.

Ein charakteristisches Beispiel für dieses Syndrom bietet die schon eingangs ins Blickfeld gerückte[104], jedoch gerade auch in diesem Zusammenhang bemerkenswerte Entwicklung der sog. Schutznormtheorie, die für zahllose von ökologischen Belastungen und Gefährdungen Bedrängte und daher Rechtsschutz Suchende – genau besehen – nichts anderes als eine besonders raffinierte Form von Verweigerung des Rechtschutzes bedeutet. Wenn § 42, Abs. 2 VWGO im Hinblick auf die verwaltungsgerichtliche Anfechtungs- und Verpflichtungsklage bestimmt, daß eine solche Klage nur zulässig ist, »wenn der Kläger geltend macht, durch den Verwaltungsakt oder seine Ablehnung oder Unterlassung *in seinen Rechten* verletzt zu sein«, so sprechen nämlich in solchen Fällen weder der Wortlaut noch sonstige zwingende Erwägungen dagegen, daß sich die

potentiellen Kläger unmittelbar auf ihr Grundrecht auf Leben und körperliche Unversehrtheit berufen, sofern dessen mögliche Verletzung schlüssig nachweisbar ist.
Nicht zuletzt Derartiges jedoch wird in der Regel abgeblockt mit dem von der Schutznormtheorie geforderten Nachweis, daß der Kläger in seinen durch eine konkrete, zumindest auch im Individualinteresse erlassene Norm geschützten (sog. subjektiv-öffentlichen) Rechten verletzt sein muß bzw. verletzt sein kann[105]. Eine interpretatorische Manipulation dies, die zwar dem Bedürfnis überlasteter Richter nach »Eindämmung der Prozeßflut« (wie der einschlägige Slogan lautet) dienen mag, die auch dem Interesse der – sich kommerziell frei entfaltenden und dabei nicht zuletzt auch auf ihr Eigentumsrecht pochenden – Umweltverschmutzer an möglichst ungestörter Fortsetzung ihres Tuns dienen mag – schwerlich aber dem Interesse des sich ökologisch bedrängt und bedroht fühlenden Bürgers, der mit dem Verfassungsversprechen der Rechtsstaatlichkeit nicht zuletzt auch die Vorstellung von wirksamem gerichtlichen Rechtsschutz verbindet. Und dies um so mehr, als die sog. Rechtsweggarantie des Art. 19, Abs. 4 GG eine solche Vorstellung durchaus zu rechtfertigen vermag.
In seinem wohlbegründeten Interesse wird sich der Bürger aber auch verletzt fühlen angesichts der Tatsache, daß ihm – endlich vor Gericht angelangt – selbst dann noch in weitestem Umfang die Beweislast für ökologisch bedingte Beeinträchtigungen auferlegt wird[106], wenn die Gefährdungsquelle mit Händen zu greifen ist. Und in diesem legitimen Interesse verletzt wird er sich schließlich auch fühlen, wenn er stets aufs neue der wohlfeilen Unterscheidung von konkreter Gefährdungs- und abstrakter Risikolast – einer der zahllosen rechtlichen Varianten der politischen Devise »divide et impera« – konfrontiert wird, die der Anerkennung seines Schutzbedürfnisses enge rechtliche Grenzen zieht[107].
Wer durch die Mühle rechtswissenschaftlicher Sozialisation gedreht worden ist – und dies ist bei den Hütern des Rechts allzumal der Fall –, wird sich in aller Regel mit den Spitzfindigkeiten und Winkelzügen des juristischen Divide-et-impera-Stils abfinden, allenfalls peripher aufzubegehren und nachzubessern versuchen. Wer sich darüber hinaus aber auch noch gesunden Menschenverstand und ein gerades Rückgrat bewahrt hat, wird immer wieder in sozusagen »gordische« Versuchungen geraten. Nicht zuletzt wird er sich dagegen zur Wehr setzen wollen, wenn die Rechtsstaatlichkeit – nicht nur das historisch älteste, sondern auch das altehrwürdigste der Strukturelemente des modernen Verfassungsstaates – mit der einen Hand nimmt, was sie mit der anderen gibt.
Genau dies aber ist der Fall, wo mit Hilfe ausgeklügelter, »rechtsstaatlicher« Verfahren die Ambivalenz individueller und kollektiver Schutzwürdigkeiten nicht mit einem sicheren Gespür für das angesichts der vor-

herrschenden »qualità dei tempi« Gebotene austariert wird. Zu dem Angebotenen aber gehört nun einmal die Einsicht, daß die fortgesetzte Privilegierung der freiheits- und eigentumsbetonten gegenüber den die individuelle Lebenskraft und die natürlichen Lebensgrundlagen des Kollektivs sichernden Komponenten unserer Grundrechts- und Verfassungsordnung dringend einer Revision bedarf. Solange diese – letztlich nur über das Bewußtsein der Rechtsanwender erreichbare – Revision nicht gelingt, wird man mit bitterer Ironie konstatieren müssen, daß für die an der Aufrechterhaltung des Status quo Interessierten »auch auf den Rechtsstaat Verlaß« ist.

2. Der Rechtsstaat als offene Grenze

Ebenso wie jede andere Münze hat auch die politische Münze der Rechtsstaatlichkeit zwei Seiten. Wie sie im Lebenswurf fällt, bestimmt das Bewußtsein oder auch (wie beim Orakelwurf) das Unterbewußtsein der Werfer. Erweisen sich rechtsstaatliche Topoi wie Entfaltungsfreiheit und Eigentumsrecht trotz aller Kautelen als wahre Festungen, so erweist sich der Zugang zu anderen – wie dem Recht auf Leben und körperliche Unversehrtheit – als nahezu offene Grenze. Und dies aus dreifachem Grunde:

Zum ersten deshalb, weil die zivilisatorische Siegeslosung noch immer (technisch-ökonomischer) »Fortschritt« heißt und diese Losung mehr oder minder selbstverständlich in die meisten Akte der Rechtssetzung und der Rechtsanwendung einfließt. Zum zweiten, weil das Ausmaß der ubiquitären Gefährdung des Grundrechts auf Leben und körperliche Unversehrtheit durch die Modalitäten unseres Handels und Wandels für das Bewußtsein der meisten Menschen weit weniger evident ist und daher auch sehr viel intensiver wissenschaftlicher bzw. soziopolitischer Vermittlung bedarf als die meisten augenfälligen Gefährdungen der Entfaltungs- und Eigentumsfreiheit. Und zum dritten schließlich, weil überall dort, wo die soziale Akzeptanz des zivilsatorischen »mainstream« angesichts besonders evidenter sozioökologischer Herausforderungen schwindet und sich der Widerstand hinter rechtsstaatlichen Schranken zu verschanzen versucht, die Reaktion des Industriesystems gegen diese Schranken selbst anzureiten beginnt.

Die beiden erstgenannten Formen der – mehr oder minder schwerelosen – Öffnung der rechtsstaatlichen Grenzen bedürfen hier keiner weiteren Erläuterung, wohl aber die dritte, die einen ganz spezifischen politischen Bewegungstil erkennen läßt.

So fromm und frei wie dies ein prominenter Exponent dieser Strömung, der BMW-Chef Eberhard von Kuenheim, vor nun schon mehr als einem

Jahrzehnt tat, als er rundweg »mehr Technik und weniger Rechtsstaat« forderte[108], artikuliert sich die Reaktion des Industriesystems auf Ermüdungs- und Aufsässigkeitssymptome der (schließlich und endllich benötigten) Klientel äußerst selten. Für gewöhnlich stolziert sie gleich Goethes Mephistopheles im Samt und der Seide sozioökonomischer und soziopolitischer Edelrhetorik und läßt im übrigen politische Läufer, Springer und Bauern für sich streiten. Insbesondere die Gesetzgebung und die Verwaltung, bis zu einem gewissen Grade aber auch die Rechtsprechung vollstrecken in ihren Abwägungsverfahren die häufig genug anderwärts vorstrukturierten Prioritäten. Und wo sich das Abwägen zu zeitaufwendig und mühsam erweist, geraten sogar die – im Zeichen der Rechtsstaatlichkeit entwickelten und gepflegten – Abwägungsverfahren selbst unter Beschuß.

In mehreren Jahrhunderten Rechts- und Verfassungsgeschichte hat sich das Kriterium der Rechtsstaatlichkeit zu formalen Strukturprinzipien entwickelt, die den Rahmen für ein gelassenes und verantwortungsvolles Abwägen des Für und Wider jeweils anstehender gesamtgesellschaftlicher Entscheidungen ermöglichen sollten. Gesichert werden soll durch diesen Rahmen insbesondere die Aufrechterhaltung des Prinzips der Gesetzmäßigkeit der Verwaltung, die – mit der gegenwärtigen Substanz des Gewaltenteilungskonzeptes untrennbar verbundene – Gewährleistung eines wirksamen Rechtsschutzes durch unabhängige Gerichte und – last, not least – die Durchsetzung von Grundrechten. All diese Ziele werden und wurden im Zuge der – sich seit zwei Jahrzehnten bald verschärfenden, bald abschwächenden – umweltpolitischen und umweltrechtlichen Auseinandersetzungen immer wieder in Frage gestellt.

Keineswegs nur, aber eben doch in besonders einschneidender Weise geschah und geschieht dies im sozialen und politischen Bann der sog. friedlichen Nutzung der »Kern«energie. Das von Robert Jungk geprägte Wort vom »Atomstaat«[109] konnte sich daher auch geradezu als zivilisationsspezifischer Gegenbegriff zum Begriff des Rechtsstaates profilieren. An der Entwicklung des Atomrechts und der Atompolitik läßt sich der auf der Rechtsstaatlichkeit lastende Reaktionsdruck aber auch besonders deutlich zeigen[110].

Eine geradezu klassische Einfallspforte für diesen Reaktionsdruck ist das (in Art. 20, Abs. 3 GG verankerte) Prinzip der *Gesetzmäßigkeit der Verwaltung*, von dem in anderem Zusammenhang schon im ersten Kapitel die Rede war[111]. Die nicht zuletzt durch die wachsende Komplexität der technischen und ökonomischen Entwicklung unserer Industriegesellschaft(en) bedingte Inflation sogenannter unbestimmter Rechtsbegriffe läßt das Prinzip der Gesetzmäßigkeit der Verwaltung zu einer kaum mehr faßbaren Schimäre werden[112]. Der Gesetzgeber setzt vielfach nur mehr äußerst vage Rahmen; die eigentliche Entscheidung trifft die Verwaltung.

Ihre Entscheidung als bloße Ausfüllung dieser Rahmen anzusprechen verbietet sich zumindest dort, wo die Verwaltung auf die Abwägung verschiedener Zielvorgaben verwiesen wird (wie es etwa im Planungs- und Baurecht der Fall ist) oder wo Entscheidungen von großer Tragweite (wie etwa atomrechtliche Genehmigungen) anstehen. Bei der Interpretation der Frage etwa, ob »überwiegende öffentliche Interessen insbesondere im Hinblick auf die Reinhaltung des Wassers, der Luft und des Bodens, der Wahl des Standortes der Anlage nicht entgegenstehen« (§ 7, Abs. 2, Ziff. 6 AtomG), können die Behörden dann zeigen, »was in ihnen wohnt an Meinung, Geschmack und Humor« (Ringelnatz) – oder was nach einschlägigem wirtschaftlichen und politischen Druck davon noch übriggeblieben ist.
Unter dem Aspekt einer Stärkung des Prinzips der Gesetzmäßigkeit der Verwaltung wäre der Ruf nach einem differenzierteren Engagement des Gesetzgebers daher auch durchaus einsichtig und legitim. Ganz abgesehen davon aber, daß angesichts des natur- und sozialwissenschaftlichen Komplexitätsgrads zahlreicher anstehender Entscheidungen ein derartiges differenziertes Engagement des Gesetzgebers unter den heutigen Bedingungen des Parlamentarismus schwerlich zu befriedigenden Ergebnissen führen würde, gilt der Ruf nach dem Gesetzgeber heute eher der Schwächung als der Stärkung der Rechtsstaatlichkeit. Er zielt auf eine Schwächung des verwaltungsgerichtlichen Rechtsschutzes. Seine (Mit-) Verantwortlichkeit für die vielbeklagten »Investitionsstaus« ließ ihn seit langem auf die schwarze Liste der »Fortschritts«-Freunde geraten.
Selbst die in ihrer Ineffizienz nicht selten geradezu farcenhafte »Stromlinienförmigkeit« der Raumordnungs- und Genehmigungsverfahren[113] ließ die – je nach soziopolitischer Akzeptanz-Konjunktur auflebenden oder abflachenden, in der Zielrichtung jedoch beständigen – Bemühungen der Atomwirtschaft und ihrer politischen Exponenten um eine weitere »Straffung« dieser Verfahren nicht zur Ruhe kommen. Hinter ihrem – mit demokratischem Pathos vorgetragenen – Versuch, die Kompetenz zur Standortgenehmigung den jeweils zuständigen Länderministerien zu entziehen und den Länderparlamenten zuzuspielen, verbarg und verbirgt sich nicht weniger als die Tatsache, daß die an »Gesetz und Recht« (Art. 20, Abs. 3 GG) gebundenen Verwaltungsrichter die in derartigen »Maßnahmegesetzen« festgeschriebenen Entscheidungen dann nicht mehr im bisherigen Umfang nachzuprüfen befugt wären.
Im Gespräch war (und ist noch immer) insbesondere die gesetzliche Festlegung des Standorts und des Reaktortyps des jeweiligen Atomkraftwerkes. Beide Teilentscheidungen wären im Fall ihrer gesetzlichen Festlegung der Kontrollkompetenz der Verwaltungsgerichte entzogen. Im Hinblick auf diese Teilentscheidungen bliebe dem Bürger dann nur mehr der Weg zu den Verfassungsgerichten, der sehr viel weniger Erfolgsaus-

sichten bietet. Ganz abgesehen davon nämlich, daß schon die psychologischen Barrieren, die ihm den Weg zu den Verfassungsgerichten erschweren, vergleichsweise hoch sind, und ganz abgesehen davon auch, daß das – einer Verfassungsbeschwerde zum Bundesverfassungsgericht vorgeschaltete – sog. A-limine-Verfahren die prozeßrechtliche Zulässigkeitsschwelle noch weiter erhöht, würden sich seine Erfolgsaussichten auch von der materiell-rechtlichen Situation her ganz erheblich verschlechtern. Dann stünde nur noch das sehr viel grobmaschigere Netz des Verfassungsrechtes als Entscheidungsgrundlage zur Verfügung.
Davon, daß der gerichtliche Rechtsschutz des Bürgers durch eine derartige Veränderung der gegenwärtigen Rechtslage nicht verändert würde, wie der damalige Bundesjustizminister Vogel schon beim ersten Auftauchen solcher Pläne behauptete[114], kann mithin nicht die Rede sein. Es ist unverkennbar, daß die Verwirklichung solcher immer wieder neu belebter Bestrebungen den Kernbereich der grundgesetzlich verankerten Rechtsweggarantie verletzen würde. Art. 19, Abs. 4 GG schützt zwar keinen bestimmten Rechtsweg, verbietet jedoch nach der Rechtsprechung des Bundesverfassungsgerichtes sowohl eine Einschränkung als auch eine Effizienzminderung der gerichtlichen Kontrolle[115].
Die Verwirklichung dieser Bestrebungen würde aber überdies auch einen Eingriff in das rechtsstaatliche Strukturprinzip der Gewaltenteilung darstellen – einen Eingriff der Gesetzgebung in den Kernbereich der Verwaltung nämlich[116]. Maßnahmegesetze sind ja Gesetze, die im Stil typischen Verwaltungshandelns individuelle und konkrete (statt generelle und abstrakte) Regelungen treffen. Sie sind daher auch schon vom Ansatz her verfassungsrechtlich bedenklich[117]. Sie sind dies aber in besonderem Maße, wenn sie derart offensichtlich der Durchsetzung politischer Ziele zu dienen bestimmt sind, die auf die überlieferte rechtsstaatliche Weise nicht mehr oder nur noch schwer durchgesetzt werden können.[118]
Was sich nämlich hinter den Schlagwörtern von der »Überforderung der Gerichte«, der »Verdrängung der Politik durch die Justiz« und hinter dem Ruf nach den Gremien mit der »stärksten politischen Legitimation« verbirgt, liegt auf der Hand: Die Parlamente haben sich – zumindest in dem Jahrzehnt vor Tschernobyl – in stärkerem Maße als »(energie-)politisch zuverlässig« erwiesen als die Verwaltungsgerichte, deren atomrechtliche Entscheidungskompetenz sich immer wieder als Dorn im Fleisch der atomwirtschaftlichen Entwicklungspläne erwiesen hat. Die nach der Katastrophe von Tschernobyl drastisch gesunkene soziale Akzeptanz der Atomenergie-Erzeugung hat allen Protagonisten der »Szene« eine Ruhepause auferlegt. Die unübersehbar gewordene Verstärkung des globalen Treibhauseffektes und die sich daraus ergebende Notwendigkeit der Reduktion des CO_2-Ausstoßes im allgemeinen, sowie die – im Gefolge der deutschen Wiedervereinigung entstandene – Notwendigkeit einer Ver-

minderung der extrem luftverschmutzenden Braunkohle-Kraftwerke im besonderen hat die Atomlobby jedoch inzwischen wieder in einen spürbaren Aufwind gebracht[119]. Mit einer Wiederaufnahme der Attacken gegen rechtsstaatliche Strukturen, die ihrem Expansionismus hinderlich sind, ist daher auch zu rechnen.
Einer dieser Anschläge auf den Zuständigkeitsbereich der Verwaltungsgerichte ist inzwischen in vollem Umfang erfolgreich gewesen: Seit 1985 sind für die gerichtliche Anfechtung von Planungen und Genehmigungen nahezu aller ökologisch bedeutsamer – und daher auch konfliktträchtiger – Großvorhaben nicht mehr die Verwaltungsgerichte, sondern vielmehr die Verwaltungsgerichtshöfe bzw. Oberverwaltungsgerichte erstinstanziell zuständig[120]. Im Klartext bedeutet dies die Abschaffung einer der beiden Tatsacheninstanzen, da gegen die Urteile der Verwaltungsgerichtshöfe und Oberverwaltungsgerichte nur noch die Revision zum Bundesverwaltungsgericht möglich ist.
Daß diese Beschränkung des Instanzenzuges (gegen deren Vorbereitung der Autor dieser Zeilen seit Mitte der siebziger Jahre publizistisch zu Felde gezogen ist[121] und die auch auf dem Deutschen Juristentag 1982 auf heftige Kritik gestoßen ist) einen schwerwiegenden Eingriff in die rechtsstaatliche Substanz der deutschen Verwaltungsgerichtsbarkeit bedeutet, liegt auf der Hand. Alle Rechtfertigungsrhetorik kann nicht darüber hinwegtäuschen, daß mit der Abschaffung der zweiten Tatsacheninstanz für sozial und politisch besonders brisante und umstrittene Planungs- und Bauvorhaben eine schwerwiegende Minderung des gerichtlichen Rechtsschutzes eingetreten ist, die mit der Rechtsweggarantie des Art. 19, Abs. 4 GG schwerlich in Einklang zu bringen ist.
Über diesen Demontage-Akt hinaus gibt es aber sogar auch Bestrebungen, die Prüfungskompetenz der Verwaltungsgerichte auf eine bloße Willkürkontrolle zu beschränken.[122] Die Verwirklichung solcher Bestrebungen würde im Grunde die Abschaffung der Verwaltungsgerichtsbarkeit bisherigen Zuschnitts und damit einen Rückschritt ins 19. Jahrhundert bedeuten. Die mit derartigen Vorstößen verbundene Begleitrhetorik verweist mit schöner Regelmäßigkeit auf die »Entartung unseres freiheitlichen Rechtsstaates und unserer auf Gewaltenteilung aufgebauten parlamentarischen Demokratie zu einem Rechtswege-, Rechtsmittel- und Richterstaat«.
Daß dieselben Politiker, die die institutionelle Konkretisierung des Rechtsstaatsprinzips durch Gesetze von der Art der Verwaltungsgerichtsordnung politisch mitgetragen hatten, dieses ihr Werk nun plötzlich als »Entartung des Rechtsstaates« diffamieren konnten, weckt bittere Erinnerungen an die Art und Weise, in der die Weimarer Verfassung Schritt um Schritt unterminiert wurde. Darüber hinaus sind solche Selbst-Diffamierungen aber auch dazu angetan, die Intelligenz des Bürgers zu beleidi-

gen. Ganz abgesehen davon nämlich, daß in den letzten beiden Jahrzehnten nicht mehr geschehen ist als eine intensivere Wahrnehmung der dem Bürger seit langem zustehenden Rechte, soll die Gewaltenteilung zwischen Legislative, Exekutive und Judikative ja gerade durch diese ins 19. Jahrhundert zurückverweisende Reaktion zu Lasten der Rechtsprechung verändert werden. Als bloßes Verfassungswort läßt sich der Rechtsstaat eben leichter ertragen denn als das, was er seit eh und je sein wollte – Schranke nämlich und Filter, durch die administrative und bis zu einem gewissen Grade auch legislative Impulse im Zeichen von Mitte und Maß begrenzt, geklärt und geläutert werden sollen.
In Frage gestellt wird diese klassische Funktion der Rechtsstaatlichkeit aber nicht nur durch mehr oder minder geschickt vorgetragene Anschläge auf ihre institutionellen Ausgliederungen, sondern vor allem auch durch die – immer wieder hervorzuhebende – Möglichkeit ihrer schleichenden Entwertung durch eine zu problematischen Priorisierungen und zu Verdrängungen bereite Rechtsauslegung. Ihrem Einfluß ist auch die Grundrechtsordnung, das Herzstück der Rechtsstaatlichkeit, mehr oder minder hilflos ausgesetzt.
Ein besonders markantes Beispiel dieser Art bietet die berühmt-berüchtigte Kalkar-Entscheidung des Bundesverfassungsgerichts vom 8. 8. 1978, in der davon die Rede ist, daß (der Genehmigungs-)Paragraph 7 des Atomgesetzes ein »Restrisiko« in Kauf nehme[123]. Mit der eilfertig vor- und nachgesprochenen These, daß sich dieses Restrisiko lediglich auf derzeit nicht erkannte und auch nicht erkennbare Gefahren beziehe, bestätigte das höchste deutsche Gericht die Sicherheitsrhetorik des weltweiten Nuklear-Establishments und verwarf die Argumentation der ebenfalls weltweiten Nuklear-Opposition. Durch die im Atomgesetz niedergelegten Grundsätze der Gefahrenabwehr und Risikovorsorge – so das Gericht – sei ein Maßstab aufgerichtet, der Genehmigungen nur dann zulasse, wenn es nach dem Stand der Wissenschaft und Technik ausgeschlossen erscheine, daß entsprechende Schadensereignisse einträten. Ungewißheiten jenseits dieser »Schwelle praktischer Vernunft« hätten ihre Ursachen in den Grenzen des menschlichen Erkenntnisvermögens und seien daher hinzunehmen.
Schon das logische Konzept einer derartigen »Schwelle praktischer Vernunft« ist äußerst fragwürdig, wenn man bedenkt, daß etwa das Element menschlicher Willkür in ihm wohl keine ausreichende Berücksichtigung erfahren kann. Selbst dann aber, wenn man eine derartige »Schwelle praktischer Vernunft« als Orientierungs- und Abgrenzungslinie akzeptieren würde, müßte auch dem – derartiges immerhin nach Harrisburg verkündenden – Gericht klargewesen sein, daß die Annahme einer konkreten Bedrohung der Bevölkerung durch den Betrieb von Kernkraftwerken diese Schwelle durchaus nicht überschreitet. Und die Katastrophe von

Tschernobyl hat diese Gerichtsrhetorik vollends zur Makulatur werden lassen.
Ein Gericht, das sich mit der Frage der rechtsstaatlichen Legitimation des atomrechtlichen Genehmigungsverfahrens zu befassen hat, kann auf eine differenzierte Behandlung dieser Problematik schwerlich verzichten. Bei einer solchen differenzierten Behandlung wäre aber selbstverständlich eine weit ausgreifende Beweiserhebung fällig, in deren Verlauf die bestehenden wissenschaftlichen Kontroversen (über die Vergleichbarkeit von natürlicher und künstlicher Radioaktivität, über die Frage der unterschiedlichen Belastbarkeit des menschlichen Organismus, über die Wirkung synergetischer Effekte, über das Katastrophenrisiko, über die geologischen und sozialen Voraussetzungen einer sicheren Endlagerung etc). auch rechtlich entscheidungserheblich werden.
Nach einer solchen Beweiserhebung würde die Vorstellung eines geradezu ungeheuerlichen Gefährdungseingriffs in das Grundrecht auf Leben und körperliche Unversehrtheit wohl noch nicht einmal in die Nähe jener »Schwelle« rücken, die das Bundesverfassungsgericht fahrlässigerweise als überschritten erklärt hat. Und eine sorgfältige Prüfung der Verhältnismäßigkeit dieses Eingriffs würde wohl auch – angesichts der durchaus bestehenden Alternativen – zu dem Ergebnis führen, daß er in den (von Art. 19 Abs. 2 GG als unantastbar erklärten) sogenannten Wesensgehalt des Grundrechts eingreift und damit verfassungswidrig ist.
Was für die Gefährdung des Grundrechts auf Leben und körperliche Unversehrtheit gilt, gilt im übrigen auch für die bürgerlichen Freiheitsrechte, wenn man die Logik der friedlichen Nutzung der Atomenergie zu Ende denkt[124]. Angesichts der zerstörerischen bis apokalyptischen Konsequenzen, die der terroristische Mißbrauch der Nukleartechnologie nach sich ziehen kann, und angesichts der Schwierigkeit, einen derartigen Mißbrauch auszuschließen, wird bzw. würde der Staat bei einem weiteren Ausbau der Atomenergieerzeugung im Vollzug seiner allgemeinen Fürsorgepflicht zur fortschreitenden Aufgabe rechtsstaatlicher Positionen gedrängt.
Mit dem Bau jeder atomaren Anlage erhöht sich nämlich die Verantwortung des Staates und damit der schon heute auf ihm lastende Druck, zur Sicherung ihrer Gesundheit und ihres Lebens in die Freiheit seiner Bürger einzugreifen. Bei einer weiteren Expansion der nuklearen Ver- und Entsorgungskapazität kann er seiner Verantwortung nur durch einen weiteren Ausbau des heute schon dichtgeknüpften zivilen Überwachungsnetzes gerecht werden. Verantwortlich handelnde Sicherheitsbehörden müssen bzw. müßten nicht nur die mit dem Bau und dem Betrieb von Atomanlagen bzw. dem Transport radioaktiven Materials Befaßten, sondern auch ihre Familien, ihre Freunde und Bekannten ständig überwachen. Auch Eingriffe in die Intimsphäre wie etwa laufende psychiatrische

Untersuchungen müßten unter den skizzierten Vorzeichen als verhältnismäßig (wenn nicht gar geboten) erscheinen. Selbst in derartigen Maßnahmen könnte sich die Sicherheitsaufgabe des Staates jedoch noch nicht erschöpfen. Wer möchte der von einem amerikanischen Beobachter der »Szene« gestellten Frage, ob es nicht besser sei, einen des Nuklearterrorismus Verdächtigen zu foltern, als Gefahr zu laufen, daß eine ganze Stadt in Flammen aufgehe[125], bedenkenlos mit einem strammen Plädoyer wider die Folter begegnen?

Das Szenario ließe sich noch weiter verdichten bis hin zur Beschränkung der (grundrechtlich garantierten) Freizügigkeit und zur – im Falle Tschernobyl inzwischen bittere Wirklichkeit gewordenen – Zwangsrekrutierung von Bedienungs- bzw. Katastropheneindämmungsmannschaften, wenn die soziale Akzeptanz der Erzeugung von Kernspaltungsenergie vollends geschwunden sein wird.

Wenn Alexander Roßnagel im Hinblick auf solche Zusammenhänge vom »Radioaktive(n) Zerfall der Grundrechte« spricht[126], so demnach mit gutem Grunde. In seiner gleichnamigen Studie zur »Verfassungsverträglichkeit« der Kernspaltungsenergie fordert er daher auch nachdrücklich normative Präventionsmaßnahmen.

Sosehr man diese – auch von anderen Autoren unterstrichene – Forderung nach normativer Prävention im Prinzip wird begrüßen müssen, so fragwürdig muß doch andererseits auch erscheinen, ob die absehbare Entwicklung des galoppierenden Grundrechtsverfalls in oecologicis mit normativen Mitteln aufgehalten werden kann.[127] Der Glaube an die Zuverlässigkeit normativer Sicherungen gehört zu den am tiefsten verwurzelten und wohl auch folgenreichsten Bewußtseins-Lastern aller Rechts-Gläubigen; er steht im Widerspruch zu jeglicher rechtssoziologischen Erfahrung – von erkenntnistheoretischen Einsichten ganz zu schweigen. »Worte«, schrieb schon Thomas Hobbes (1588–1679), »sind weiser Männer Rechenpfennige; nur den Toren gelten sie als bare Münze, die nach der Autorität alter Doktoren geschätzt wird.«[127a]

Wie sehr diese Einsicht gerade auch im Hinblick auf die Gefahren des schleichenden Grundrechtswandels zutrifft, läßt sich nirgendwo so gut studieren wie an dem hier hervorgehobenen Problembereich der Kernenergieerzeugung und der in ihrem Schlepptau folgenden, den Bürgern neben der Radioaktivität auch noch allgegenwärtigen Elektrosmog bescherenden »Vollelektrifizierung«. All diese Entwicklungen werden von einem unüberhörbaren und unübersehbaren Wortschwall begleitet, der sich Orwells »New-Speak« zwanglos zuordnen läßt. Sowohl im Durchsetzungs- als auch im Sicherungsbann dieser Technologien werden wir – ganz im Sinne der schon erwähnten Rechtsprechung des Bundesverfassungsgerichts – von Schwelle zu Schwelle praktischer Vernunft geführt, werden wir Zeugen einer unaufhaltsamen soziotechnologischen Akzessorietätsdynamik des Rechts werden, die letztendlich selbst auf »Rest«risiken semantisch verzichten können wird ... »Es trägt die alten Namen, aber es ist / nichts mehr dahinter«, heißt es in Günter Kunerts poetischer Seismographie mit dem Titel »Irgendetwas«. Und ebenso, wie das, was unsere Vorväter »Apfel« nannten, »Wasser« oder »Luft«, kaum mehr etwas mit dem gemein hat, was wir heute mit diesen Sprachsymbolen bezeichnen, ebenso werden der Rechtsstaat und sein Herzstück – die Grundrechte – im Sog der weiteren, keineswegs nur im Zeichen der (alles andere als »friedlichen«) Nutzung der Atomenergie zu sehenden sozioökologischen Anabasis kaum mehr etwas mit dem zu tun haben, was wir heute noch darunter verstehen mögen. Dem rhetorischen Glanz der Schranken wird ihr faktisches Elend auf dem Fuße folgen.

3. Der »soziale Rechtsstaat« als Stolperstoß

Daß die Rechtsstaatlichkeit – nicht nur, aber gerade noch – im Zeichen der ökologischen Krise ständig in Gefahr steht, über die Füße ihrer eigenen Janusköpfigkeit zu stolpern, ist nach dem bislang Gesagten unabweisbar. Und unabweisbar ist auch, daß diese Neigung zum Stolpern sich noch erheblich verstärkt hat, seit die Dynamik der materiellen Wohlstandsbeschaffung und Wohlstandsverteilung mehr und mehr zum real existierenden »Staatsziel« (und der Rechtsstaat mithin zum »sozialen Rechtsstaat«) geworden ist.
Wenn man in der sprachlichen Verbindung von Rechtsstaat und Sozialstaat zum »sozialen Rechtsstaat« mehr als bloße Verfassungsrhetorik sehen will, so kann sie – nicht zuletzt im Hinblick auf die Einheit der Verfassung und damit auf die Notwendigkeit der Erreichung von »praktische(r) Konkordanz« (Konrad Hesse[128]) – nichts anderes bedeuten als die Abmilderung des gemeinschaftssprengenden Entwicklungspotentials einer liberalistisch interpretierten Rechtsstaatlichkeit. Und zumindest in einer Richtung hat der »soziale Rechtsstaat« in den vergangenen Jahrzehnten (nicht nur) hierzulande auch so gewirkt: In wachsendem Maße ist der Staat als Promotor und Administrator einer teilweisen (Um-)Verteilung von Gütern und Dienstleistungen an tatsächlich oder auch nur vermeintlich Unterstützungswürdige in Erscheinung getreten, hat er auch den – zumindest tendenziellen »Eigentumsabsolutismus« (Meyer-Abich[129]) des bürgerlichen Rechtsstaats endgültig gebrochen.
Um sich als Verteilungs- und Umverteilungsagent wirksam in Szene setzen zu können, mußte der »soziale Rechtsstaat« freilich auch dafür sorgen, daß sich die Verfügungsmasse des zu Verteilenden laufend vermehrt hat. Mit anderen Worten: Als Leistungsstaat konnte er nur deshalb in so großem Umfang in Aktion treten, weil er durch erhöhte Einnahmen an

dem – von ihm teils initiierten, teils protegierten – Wirtschaftswachstum partizipieren konnte. Folgerichtig wurde daher auch das Wachstums-Postulat in § 1 des Stabilitätsgesetzes festgeschrieben.

Der größte Teil des Steueraufkommens ist mit dem Wirtschaftswachstum direkt verbunden: die Besteuerung der Arbeit im Einkommensteuergesetz, die Besteuerung des Mehrwerts im Umsatzsteuergesetz. Eine Besteuerung umweltschädigenden Verhaltens jedoch erfolgt allenfalls marginal – in Form der Mineralölsteuer und der Tabaksteuer etwa, einer der wenigen Fälle nachdrücklicher Besteuerung unkritischen Konsums.

Die negativen Auswirkungen von rechtsstaatlich gewährleisteter unternehmerischer Freiheit (Art. 2, 14 GG) und sozialstaatlich motivierter Wachstumsforcierung sind inzwischen übergroß geworden. Nicht nur das, was der »bürgerliche« Rechtsstaat herkömmlicher Prägung, sondern gerade auch das, was der »soziale Rechtsstaat« mit der einen Hand gibt, nimmt er mit der anderen wieder. Gesundheitsgefährdungen, »kalte« Enteignungen und der Entzug von Kultur- und Naturgenuß sind zu einem allgegenwärtigen zivilisatorischen Phänomen geworden. Die (Grund-) Rechte, die der Rechtsstaat zu gewähren versprach, werden nicht zuletzt durch den »sozial« gewordenen Rechtsstaat wieder in Frage gestellt. Die unter seiner Ägide geführten Positionskämpfe zwischen Kapital und Arbeit werden nicht zuletzt auf dem Rücken der gemeinsam ausgebeuteten Natur ausgetragen – einer Natur, die den Menschen in den Wirbel ihrer (durch diese Ausbeutung bewirkten) Devitalisierung zieht und dabei auch und gerade die heute noch weitgehend rechtlosen Nachgeborenen nicht schonen kann.

»Sozialisiert« wird im Zeichen des sozialen Rechtsstaates nicht nur ein gut Teil des von den unternehmerisch tätigen Wohlhabenderen erwirtschafteten individuellen Mehrwertes an Wirtschaftsgütern – »sozialisiert« wird auch ein gut Teil des durch dieses Wirtschaften hervorgerufenen kollektiven Minderwertes an Naturvermögen und (dadurch entgehender) Gesundheit und Lebensfreude[130]. Und so trägt denn gerade auch der »sozial« gewordene Rechtsstaat eifrig – und in aller Regel auch im Brustton der Überzeugung – dazu bei, daß rechtstaatliche Schranken hoch aufgerichtet werden, wo in ihrem Schutze tüchtig an der Vermehrung der (Um-)Verteilungsmasse gewerkelt wird.

Umgekehrt trägt die Sozialrhetorik aber genauso eifrig dazu bei, dieselben Schranken niederer anzusetzen, wo es gilt, Verteilungsmehrwert versprechenden Gewerbefleiß nicht an der Inanspruchnahme von rechtsstaatlichen Abwehrrechten zuschanden werden zu lassen. Die Beschwörung der Notwendigkeit einer – je nach konkreter Situation – Schaffung oder Erhaltung von Arbeitsplätzen wird dann vielfach zum Alibi für das Fehlen einer umfassenden sozialen Nutzen- und Kostenabwägung wie auch für den Verzicht auf ein intensives Nachdenken über Alternativen, in deren Zeichen der rechtsstaatliche und der sozialstaatliche Gedanke nicht – wie heute allgegenwärtig erfahrbar – gegeneinander ausgespielt, sondern vielmehr miteinander versöhnt (und damit auch in sich »erlöst«) werden kann.

Wo eine im Namen des »sozialen Rechtsstaates« betriebene »Daseinsvorsorge« (Ernst Forsthoff[131]) mehr oder minder zur »allgemeinen Wachstumsvorsorge« (Maunz/Dürig/Herzog[132]) erweitert und verengt wird, muß zwangsläufig ein rechtskulturelles Milieu entstehen bzw. gefördert werden, dem das Stolpern zur lieben Gewohnheit wird. Höchstrichterliche Urteile wie das Kalkar-Urteil des Bundesverfassungsgerichts[133] oder das Waldschadensurteil des Bundesgerichtshofs[134] lassen dies aufs deutlichste erkennen. Und aufs deutlichste erkennen läßt dies auch die Haltung unserer Rechtsordnung gegenüber künftigen Generationen. Die Tatsache etwa, daß wir den Nachgeborenen auf Tausende von Jahren hinaus die Bewachung von radioaktivem Müll zumuten, ist eine Ungeheuerlichkeit, die zwar einer Reihe kritisch-verantwortungsbewußter Geister[135], nicht aber dem »sozialen Rechtsstaat« zum Problem geworden ist.

Auch in diesem thematischen Umkreis beschränkt man sich auf die seit Jahrzehnten sattsam bekannte »Politik des peripheren Eingriffs«. Der so selbstzufrieden gefeierte soziale Rechtsstaat bleibt damit weit hinter den fundamentalen Überzeugungen und Erkenntnissen der Aufklärung zurück, die er doch zu seinen Ahnen zählt. Schon in Art. 1 der »Bill of Rights« von Virgina vom 12. 6. 1776 ist davon die Rede, daß die Menschen beim Eintritt in den Status civilis nicht ihre Nachkommen durch irgendwelche Vereinbarungen ihrer angeborenen Rechte berauben können[136]. Und in Art. 28 der Erklärung der Menschen- und Bürgerrechte zur französischen Verfassung vom 24. 6. 1793 heißt es ausdrücklich: »Eine Generation kann ihren Gesetzen nicht die zukünftigen Generationen unterwerfen.«

Die Rücksichtnahme auf die (keineswegs nur durch die Hinterlassung radioaktiven Mülls gefährdeten) Rechte künftiger Generationen wird hier genauso selbstverständlich als Ausfluß der – seit der französischen Revolution beschworenen – »Brüderlichkeit« gesehen wie die Rücksichtnahme auf den gegenwärtig lebenden Nächsten. Und Brüderlichkeit hat auch in der Tat viele Gesichter. Wo es um soziale Solidarität geht, kann es nicht nur um sozialen Ausgleich und um die Schaffung der materiellen Voraussetzungen für eine soziale Ausgleichspolitik gehen. Wo es um soziale Solidarität geht, muß es daher auch um die allgemeinen Bedingungen des Lebens und Arbeitens gehen. Wo das Niveau gesellschaftlichen Miteinanders in Frage steht, muß auch die Frage erlaubt sein, ob bzw. inwieweit nicht schon die gegenwärtigen Arbeits- und Lebensbedingungen in sich einen sozialen Notstand darstellen, ob in der rücksichtslosen

Inanspruchnahme der immer noch weitgehend »freien Güter« (Erde, Luft, Wasser, Ruhe, landschaftliche Schönheit) nicht auch ein soziales Solidaritätsdefizit brutalsten Zuschnittes zum Ausdruck kommt.
Von einer Generation, die mit einem solchen Solidaritätsdefizit leben kann, wird man auch kaum erwarten dürfen, daß sie der Natur schlechthin einräumt, was sie ihren eigenen Kindern und Kindeskindern virtuell verweigert. Auch über die Wünschbarkeit von »Eigenrechten der Natur« läßt sich daher von den Noblen und Sensiblen trefflich philosophieren[136a] – von ihrer Verwirklichung freilich scheinen wir noch Äonen entfernt.
Wo soziale Not längst auch zur Umweltnot geworden ist, hätte man von der konstitutionellen Verheißung eines »sozialen« Rechtsstaates mehr erwarten dürfen als das, was sie gehalten hat. Die eigentlich in seiner inneren Dialektik angelegte Harmonisierung von individuellem Freiheitsdrang und kollektivem Bindungszwang, die dem (bürgerlichen) Rechtsstaat nicht gelungen ist, hat auch der soziale Rechtsstaat bislang nicht zuwege gebracht. Auch auf ihn ist mithin (kein) Verlaß, wenn es darum geht, die Sanierung der Altlast (Umwelt-)Recht zu torpedieren.

IV Souverän bleiben wir sowieso oder: Rohstoff- und Giftexport – import en detail et (plus encore) en gros

Als das moderne Souveränitätskonzept entwickelt wurde – im 16. und 17. Jahrhundert nämlich – geschah es, um eine menschliche und gesellschaftliche Katastrophe größten Ausmaßes in der Gegenwart zu unterbinden und für die Zukunft zu verhindern. Jean Bodins »Sechs Bücher über den Staat« (1576) und Thomas Hobbes' »Leviathan« wurden in dem heißen Bemühen geschrieben, den vom – vorab konfessionellen – Bürgerkrieg gesprengten sozialen Frieden mit spezifisch politischen Mitteln wiederzugewinnen[137].
Das Rechtskonzept der nach innen wie nach außen (nahezu) un-bedingten Hoheitsgewalt – sprich: Souveränität – des Staates[138] schien geeignet, dieses Ziel nachdrücklich und nachhaltig zu fördern. Und in der Tat gelang es den – sich aus den mannigfachen Verschränkungen des Feudal- und Ständewesens lösenden – territorialen Flächenstaaten Europas ab dem 17. Jahrhundert in wachsendem Maße, den sozialen Frieden zu sichern und ihm dann auch im Medium der Entwicklung einer mehr oder minder ausgewogenen Verfassungsstaatlichkeit Form und Gestalt zu geben[139]. Abgesehen von gelegentlichen Rückfällen schien die Zähmung des Leviathan gegen Ende des zweiten Drittels dieses Jahrhunderts in Europa erfolgreich abgeschlossen, Selbstzufriedenheit daher auch nur eine läßliche Sünde. Das »Staatsversagen« (Martin Jänicke[140]) angesichts der ökologischen Krise bietet nun freilich wieder hinreichend Grund, über die Rolle des Souveränitätskonzeptes bei der Bewältigung zivilisatorischer Herausforderungen des heute erfahrbaren Zuschnittes nachzudenken.

1. Souverän in die Katastrophe

Die Souveränität des Staates spiegelt die seit dem Ausgang des Mittelalters und dem Beginn der Renaissance unaufhörlich gewachsene Souveränität des Homo faber. In ihr sollte er seinen – keineswegs nur im Sinne von Orwells totalitärer Zentralfigur zu verstehenden – »Big Brother« finden[141]. Und mit demselben »fortschritts«trunkenen Starrsinn, mit dem der vom »Besitzindividualismus« (Macpherson[142]) Lockescher Prägung besessene Bourgeois seine tendenziell suizidale Selbstverwirklichung betreibt, tut dies der von Hobbes – in der Nachfolge Platons – als »magnus homo« konzipierte Staat[143]. Einerseits geschieht dies zur Absicherung und Überhöhung des bourgeoisen Expansionismus, andererseits entwikkelt der Staat dabei aber auch eine Eigendynamik, die ihn zu einem – den technisch-ökonomischen Fortschrittsaktivismus der Bürger teils dämpfenden, teils anheizenden – Protagonisten sui generis auf der Weltbühne werden läßt. Sein »grenzen-loses« Versagen, seine Unfähigkeit, eine mehr als punktuell und peripher ansetzende internationale Umweltpolitik zustande und zuwege zu bringen, hat zu der »Verseuchte(n) Landkarte« geführt, deren rechtlich-politischen Hintergründe der Autor dieser Zeilen im Verein mit seinen Mitarbeitern vor fünf Jahren in einem gleichnamigen Buch analysiert hat[144].

Bestandsaufnahmen und Ortsbestimmungen der in jenem Buch versuchten Art wurden nicht zuletzt in der Hoffnung unternommen, damit einen Beitrag zur Vorbereitung und Einleitung von Atem- und Denkpausen leisten zu können. Daß solche Hoffnungen bislang eher trügerisch waren, haben jedoch auch die Erfahrungen der letzten Jahre wieder gezeigt. Eine Atempause in der Wahrnehmung der sozioökologischen Dekadenz unseres Planeten war uns nicht vergönnt. Und eine *wirkliche* Denkpause bei der Setzung sozialer, ökonomischer und politischer Bedingungen der absehbaren weiteren Dekadenz wollten sich die – in Verkennung oder auch zur Verwischung ihrer strukturellen und virtuellen Unverantwortlichkeit so genannten – Verantwortlichen ganz offenbar nicht gönnen[145].

Der Raum jedenfalls, den ökologische Hiobsbotschaften wie ökologische Hintergrundformationen im öffentlichen und im privaten Gespräch einnehmen, vergrößert sich allem Anschein nach unaufhaltsam. Und dafür, daß unsere Sinne und unser Bewußtsein angesichts dieses immer üppiger werdenden Angebots nicht gänzlich abstumpfen, sorgen sowohl die allenthalben virulent gewordenen Gefährdungen (1.1) als auch die unübersehbar auf dem schmalen Grat zwischen Latenz und Virulenz dahingaukelnden (und sich überdies ständig und wechselseitig verstärkenden) Gefährdungsmuster und -potentiale (1.2). Nicht zuletzt sorgen dafür aber auch die auf ihre Souveränität pochenden Staaten, die die Geduld der ökologisch Informierten und Engagierten und zugleich politisch Bewußten auf eine harte Probe stellen (1.3)

1.1 Wer schon nicht mehr (oder immer noch nicht) recht hinhörte, wenn – meist beschönigend – von »Störfällen« oder »Pannen« in Atomkraftwerken die Rede war, dem mochte es beim Anblick mit toter Robben übersäter Strände dann vielleicht doch den Appetit beim abendlichen TV-Dinner verschlagen. Das im Gefolge einer (letztlich auf Meeresverschmutzung zurückführbaren) Algenpest auftretende Fisch- und Robbensterben war jedenfalls augenfällig genug, um auch solche Zeitgenossen aufzuschrecken, die sonst eher dazu neigten, ökologische Kassandra-Rufe

als bloße »Umwelthysterie« abzutun. Die rund 15000 toten Robben, die im Sommer 1988 die Nord- und Ostseestrände übersäten, waren ganz einfach nicht mehr zu verdrängen. Ebenso schwer zu übersehen und zu verdrängen übrigens wie die nun Anfang der 90er Jahre ziellos über die Felder Patagoniens und die europäischen Fernsehschirme hoppelnden, an übermäßiger ultravioletter Strahlung erblindeten Kaninchen, deren Leiden ein einziger Aufschrei wider die »souverän« Ozonkiller Produzierenden und sie »souverän« produzieren Lassenden ist.
Vergrößert wird das Ozonloch freilich nicht nur durch die – inzwischen allseits bekannten, in der Elektro-, Kunststoff- und Kosmetikindustrie verwendeten – Fluorkohlenwasserstoffe, sondern auch durch die aus Rindermägen, Reisfeldern und Mülldeponien aufsteigenden Methangase. Das Resultat all dieser Prozesse droht nun allmählich katastrophale Ausmaße anzunehmen. Über die Antarktis (wo der Ozongehalt seit Ende der 70er Jahre um ca. 50% abgenommen hat) umfaßt das Ozonloch inzwischen eine Fläche von der Größe der Vereinigten Staaten; eine ständige Ausweitung erfährt es aber auch auf der nördlichen Hemisphäre. Und selbst dann, wenn die Industriestaaten ihr Ziel erreichen sollten, die Produktion wenigstens der FCKWs bis zum Jahre 2000 – die EG-Länder wollen es schon bis zum Jahr 1996 versuchen[146] – einzustellen, wird die von ihnen verursachte Vergrößerung des Ozonlochs noch weit über das Jahr 2010 fortwirken, da die Steiggeschwindigkeit der Treibgase äußerst gering ist. Und die – auf einen fatalen Verschmutzungsbonus pochenden – Entwicklungsländer haben die Einstellung der FCKW-Produktion ohnedies erst für 2010 in Aussicht gestellt. Ob diese Zielmarke erreicht werden wird, ist mehr als zweifelhaft. Selbst dann aber wird sich das Ozonloch nicht nur bis zum Jahre 2020 vergrößern, da die FCKWs – wie schon betont – nicht die einzigen Ozonkiller sind.
Unter das schützende Laubdach der Wälder wird man sich bis dahin in immer geringerem Maße flüchten können. In der Bundesrepublik Deutschland – um das nächstliegende europäische Beispiel zu wählen – sind nach dem (überdies noch geschönten) Waldschadensbericht 1991 der Bundesregierung zwei von drei Bäumen erkrankt. Und was mit dem »Smaragdwald«[147] Afrikas und Südamerikas geschieht, ist eine Tragödie. Nach den Angaben der Welternährungsbehörde (FAO) und der Umweltbehörde der Vereinten Nationen (UNEP) hat die Abholzungsrate im letzten Jahrzehnt trotz wachsender weltweiter Aufmerksamkeit drastisch zugenommen – von 110000 km^2 p. a. im Jahre 1981 auf 170000 km^2 p. a. im Jahre 1991. Informelle Zahlen sprechen eine noch sehr viel dramatischere Sprache: Allein im Jahre 1988 soll in Brasilien eine Urwaldfläche in der Größe der (alten) BRD den Rodungsmaschinen und Rodungsfeuern zum Opfer gefallen sein.
Daß es bei diesem Raubbau an den tropischen Regenwäldern nicht nur

um die Ausrottung seltener Pflanzen-, Tier- und Menschenarten, sondern vor allem auch um die tendenziell selbstmörderische Vernichtung des für weite Teile der Erde überlebenswichtigen Sauerstoffreservoirs geht, ist zwar für naturwissenschaftlich Interessierte eine Selbstverständlichkeit, in der das politische Entscheidungsmilieu (zumindest mit) prägenden Öffentlichkeit jedoch noch immer nicht bekannt genug. Gerade der auf diese Reservoirs dringend angewiesene Nordamerikaner und Europäer täte daher auch gut daran, sein Brot auf weniger selbstmörderische Weise zu verdienen als durch die Finanzierung urwaldvernichtender Staudamm-, Straßen- und Siedlungsprojekte. Und auch vor dem Gang ins argentinische Steak-House stünde ihm die Frage wohl an, ob nicht auf dem Weidegrund der dort vermarkteten Rinder kurz zuvor noch majestätische »Großvaterbäume« ihr Laubdach gebreitet hatten, bis sie dann von Angehörigen des weißen »Termitenvolkes« brutal niedergewalzt oder niedergebrannt wurden[148].

1.2 Die unmittelbaren Gefährdungen und die fortschreibbaren Gefährdungsmuster und -potentiale gehen nahtlos ineinander über. Auch insoweit verschärft sich die globale »Lage der Nationen« unaufhörlich.

So spielen etwa die für die ständige Vergrößerung des Ozonloches verantwortlichen Treibgase auch eine entscheidende Rolle für das als »Treibhauseffekt« bekannt gewordene Phänomen, das für die nächsten Jahrzehnte eine globale Erwärmung in der Größenordnung von 3–5 Grad Celsius – und damit das Eintreten von Klimakatastrophen erheblichen Ausmaßes – erwarten läßt. Nach Prognosen von Klimaforschern werden sich als Folge dieser Erwärmung eine noch unbekannte Zahl von Klimazonen verschieben. Als Folge dieser Verschiebung werden sich Vegetationsgürtel verändern, bislang fruchtbare Gebiete unbebaubar oder gar unbewohnbar werden, Wüsten ausbreiten. Stürme und Überschwemmungen werden zunehmen, Meeresströme ihre Richtung verändern, der Meeresspiegel ansteigen.

Zahllose Klimaflüchtlinge werden ihre überschwemmten, verdorrten oder verwüsteten Gebiete verlassen müssen und in den noch bebaubaren und bewohnbaren Gegenden die seit Jahrtausenden mit Völkerwanderungen verbundenen sozialen, ökonomischen und politischen Problem- und Krisensituationen hervorrufen. Die umweltflüchtigen Touristen der Gegenwart, die in den letzten Jahrzehnten schon genügend sozioökologische Probleme verursacht haben, sind vergleichsweise harmlose Vorboten der zu erwartenden Ereignisse. Wann diese Ereignisse auf breiter Ebene eintreten werden allerdings, ist angesichts der hohen Komplexität klimatischer Wechselwirkungen nur schwer prognostizierbar. Und gerade hierin liegt das – eher politische als meteorologische – Dilemma dieser Situation. »Sobald wir (nämlich) diesen Treibhauseffekt eindeutig messen können«, erklärte Klaus Hasselmann, der Leiter des Hamburger

Max-Planck-Instituts für Klimaforschung, »ist es für uns schon zu spät«[149].
Daß es noch nicht soweit ist, wird mithin niemanden beruhigen können, der seinen gesunden Menschenverstand noch nicht völlig verloren hat. Dennoch glauben wir, im Windschatten dieser Ungewißheit unserem gewohnten Handel und Wandel unter einer sich immer dichter über uns schließenden Fieberglocke mehr oder minder unbekümmert nachgehen zu können. Die diese Glocke ständig verdichtenden Gase nämlich sind unmittelbare Folge dieses Handels und Wandels. Das schon erwähnte Methan, das nicht nur zur Vergrößerung des Ozonloches, sondern auch zur Verstärkung des Treibhauseffektes beiträgt, quillt nicht zuletzt auch aus Mülldeponien. Die ebenfalls schon erwähnten Fluorkohlenwasserstoffe werden in der Elektroindustrie als Lösemittel und in der Kunststoffindustrie zum Aufschäumen von Kunststoffen verwendet; sie stekken in Kühlschränken, Feuerlöschern und Spraydosen. Das zwar in der Stratospäre schwindende, sich jedoch in der Atmosphäre anreichernde Ozon bildet sich im Smog über Straßen und Städten. Stickoxide (insbesondere das Distickstoffoxid N_2O) entweichen aus Düngerfabriken und überdüngten Feldern und Fluren. Vor allem aber ist es das – für den immer dichteren Wärmestau zur Hälfte verantwortliche – Kohlendioxid (CO_2), das unserem zivilisatorischen Treiben wie ein Schatten folgt. Es stammt aus Flugzeugdüsen und Auspuffrohren, kommt aus Kraftwerks-, Industrie- und Heizungskaminen, entweicht im Steigflug aus Rodungsfeuern.
Ganz abstreifen werden wir diesen Schatten wohl kaum mehr können; wohl aber können wir ihn entschieden bekämpfen und ihm vielleicht auch die tödliche Spitze nehmen.
Inzwischen aber folgt der – bald ins Gewand des trotz aller umweltrechtlicher (Pseudo-) Schranken noch weithin »souverän« schaltenden und waltenden Wirtschaftsbürgers bald in das Gewand des die Interessen dieses Wirtschaftsbürgers mehr oder minder souverän verteidigenden Staates schlüpfende – Homo faber et oeconomicus nach wie vor seiner Lieblingsmethode zur Erzeugung und Verdrängung virulent werdender und virulent gewordener Umweltprobleme: Gemeint ist die Herbeischaffung von Gütern jeglicher Art aus allen Winkeln der Erde, und die Verschikkung von Gütern jeglicher Art in alle Winkel der Erde. Gemeint ist aber auch der – freiwillige oder unfreiwillige – Import von Giften jeglicher Art aus allen Winkeln der Erde, und der – gezielte oder beiläufige – Export von Giften jeglicher Art in alle Winkel der Erde.
Was die transnationale Herbeischaffung und Verschickung von Gütern anbelangt, so ist sie schon als verkehrstechnischer Vorgang eine Verseuchungs- und Verschmutzungsquelle par excellence[150]. Die zum Transport all dieser Güter in der Luft, zu Wasser und zu Lande aufgewandten Ener-

giemengen und die bei diesem Energieverbrauch freigesetzten Emissionen haben gigantische Ausmaße. Die Verarbeitung der herbeigeschafften und verschickten Güter in den Ankunftsländern wird dann zur nächsten Verseuchungs- und Verschmutzungsquelle. Und auch die Tatsache, daß dieser Kreuz- und Quer-Transport von Gütern das heutige Weltwirtschaftssystem mit all seinen ökologischen und sozialen Begleiterscheinungen überhaupt erst ermöglicht, ist unverkennbar.
Ermöglicht wird hierdurch nicht zuletzt auch der ungewollte wie der gewollte Export und Import von Giften aller Art. Den makabersten Aspekt dieser ohnedies schon makabren Import-Export-Szene bietet der transnationale Mülltourismus, den man mit Fug und Recht auch als Müllkolonialismus bezeichnen kann, da er sich insbesondere auf der (Welt-)Bühne der Nord-Süd- und Ost-West-Beziehung abspielt[151].
Das Ausmaß dieser Szene kam erst in den letzten Jahren in größerem Umfang ans Tageslicht. Zuvor war er nur verhältnismäßig wenigen Eingeweihten bekannt, die zu einem Teil wirtschaftlich oder politisch davon profitierten und daher auch eher an der Vertuschung als an der Aufdekkung dieses Treibens interessiert sein mußten.
Besonders eindrucksvoll erwies sich in dieser Hinsicht das Jahr 1988, das geradezu als Jahr des Müllkolonialismus bezeichnet werden mag. »Lynx«, »Zanoobia«, »Petersberg« und »Karin B.« sind Namen von Schiffen, mit denen der Giftmüll der Reichen in die Länder der Armen verfrachtet wird. Monatelang war die »Karin B.« erst im Atlantik und dann im Mittelmeer unterwegs – und dies mit fast 3000 Tonnen Giftmüll an Bord[152]. Erst die Weigerung hellhörig gewordener afrikanischer Länder, diesem Trojanischen Pferd ihre Hafenstädte zu öffnen (und danach auch weltweite Proteste) erzwangen die Rückkehr des Frachters in den italienischen Hafen Livorno.
Der Hintergrund für diese Giftodyssee ist banal genug. Seitdem die Kosten für die – euphemistischerweise »Entsorgung« genannte – Beseitigung von Giftmüll in Europa und den USA in nur noch schwer kalkulierbare Höhen gestiegen sind (zur Zeit liegen sie bei über 2500 Dollar pro Tonne) und auch die innenpolitischen Widerstände gegen Giftmülldeponien immer erbitterter werden, wird dieser Müll in großem Stil und mit Nachdruck armen westafrikanischen Ländern angeboten. Lautete in den 70er Jahren die Einladung des ugandischen Staatschefs Idi Armin noch »Come and pollute us!«, so heißt Anfang der 90er Jahre die kaum verhüllte Parole der Industriestaaten im Umgang mit vielen unterentwickelten Staaten »Gift oder Armut«. Einige afrikanische Staaten seien – so der stellvertretende Weltbank-Präsident und Leiter der Abteilung Wirtschaftspolitik Lawrence Summers in einem der Öffentlichkeit Anfang 1992 bekannt gewordenen Memorandum – im Verhältnis zu ihrer Bevölkerungszahl »zu wenig verschmutzt«[153]. Da die direkten und indirekten

Kosten der Umweltverschmutzung in den Industrieländern erheblich höher seien als in den Entwicklungsländern mit ihrer hohen Arbeitslosigkeit spreche die wirtschaftliche Logik für einen Giftmüllexport in diese Länder. Und dies um so mehr, als in Ländern mit einer Säuglingssterblichkeit von ca. 20 % die Sorge etwa vor chemischen Substanzen, die Prostatakrebs auslösten, schwerlich sehr groß sein könne...

Formalrechtlich ist gegen Räsonnements solcher Art wenig einzuwenden. Der aus dem Römischen Recht überkommene Grundsatz »Volenti non fit iniuria« (dem Einwilligenden geschieht kein Unrecht) gehört zum Kernbestand der Rechtsgrundsätze der zivilisierten Völker und gilt auch im Internationalen Recht. Hinkende Verträge der fraglichen Art werden auch keineswegs nur zwischen Industriestaaten und Staaten der Dritten Welt geschlossen; sie finden sich auch im Verhältnis von wohlhabenderen und weniger wohlhabenden Industrieländern. Daß – trotz der hohen Komplexität dieser Abmachungen – auch die Wiederaufbereitung der deutschen Kernbrennstäbe im englischen Sellafield (bis 2002) und im französischen La Hague (bis 1998) in diesem Licht zu sehen ist, ist unverkennbar. Der Situation angemessen ist daher auch eher der Rekurs auf die ethische als auf die rechtliche Gegenseitigkeitslogik: »Was du nicht willst, daß man dir tu, das füg auch keinem anderen zu«, lautet der seit der Stoa überlieferte, in der Bergpredigt Jesu ins Positive umformulierte Merkspruch. Und wer wollte schon gerne den Dreck des Nachbarn im eigenen Garten?

Auch Überlegungen dieser Art gehören zu den geistigen Implikationen des – unter anderem in der Präambel der Charta der Vereinten Nationen verankerten – Grundsatzes der »guten Nachbarschaft«, der freilich in Ziff. 21 der Schlußdeklaration der Stockholmer UN-Umweltkonferenz von 1972 eine zwielichtige Kommentierung erfahren hat: »Die Staaten«, heißt es dort, »haben nach Maßgabe der Charta der Vereinten Nationen und der Grundsätze des Völkerrechtes das souveräne Recht zur Ausbeutung ihrer eigenen Hilfsquellen nach Maßgabe ihrer eigenen Umweltpolitik sowie die Pflicht, dafür zu sorgen, daß durch Tätigkeiten innerhalb ihres Hoheits- oder Kontrollbereichs der Umwelt in anderen Staaten oder Gebieten außerhalb ihres nationalen Hoheitsbereiches kein Schaden zugefügt wird.«

Daß es sich bei Ziff. 21 der Stockholmer Deklaration um ein Meisterstück diplomatischer Rhetorik handelt, ist kaum übersehbar. Einerseits wird das territoriale Souveränitätsprinzip betont, andererseits wird es im Sinne eines »gutnachbarlichen« Mitverantwortungs-Postulates relativiert. Und der Ambivalenz der Formulierung entspricht auch die Ambivalenz des weltweit Beobachtbaren. Einerseits beharrt die überwiegende Mehrheit aller Staaten dieser Welt auf einer »souveränen« Interpretation des wirtschafts-, sozial- (und damit letztlich auch umwelt-)politisch Gebotenen;

andererseits mehren sich die Stimmen und Kräfte, die auf eine Selbstbegrenzung dieser territorialen Souveränität im Zeichen eines globalen Überlebensprogrammes drängen.
Das Resultat dieser Ambivalenz sind halbherzige oder überhaupt nicht zustande kommende Konventionen, Vereinbarungen ohne oder doch mit geringem »Biß« – Ausdruck jener »Politik des peripheren Eingriffs«[154], die zum Charakteristikum der internationalen wie der nationalen Umweltpolitik geworden ist. Nicht zuletzt in ihr äußert sich die »souveräne« Entscheidung der Staaten, das unsere Um- und Mitweltnot Wendende zögerlich anzugehen, die große Freiheit des mehr oder minder ungehinderten Güter- und Giftexports und -imports zäh zu verteidigen. Stets nämlich erschließt sich bei genauerem Zusehen dasselbe Motivations- und Funktionsbild, ob man nun an Vereinbarungen wie die Basler Konvention von 1989 denkt (die kein generelles Ausfuhrverbot für Giftmüll zustande brachte[155]) und an die diversen Vereinbarungen zum Schutz der Ozonschicht (die es noch nicht einmal schafften, einen kurzfristigen Produktionsstopp für Fluorkohlenwasserstoffe zu erreichen[156]) oder gar an die politische Unfähigkeit, den abgasfreien Kfz-Motor oder die Solarenergieforschung und -anwendung durch internationale Abkommen ernsthaft zu fördern. Die überbordende Zahl der umweltrelevanten völkerrechtlichen Verträge – die Sammlung von Rüster/Simma füllt inzwischen weit über 5 Bände – ist insoweit eher ein Indikator für die Ineffizienz als für die Effizienz des Internationalen Umweltrechtes.
Das Prädikat »effizient« verdient das (internationale) Umweltrecht erst und nur dann, wenn auch die Konkretisierung des allgemeinen Rechtsgrundsatzes der »Guten Nachbarschaft« in völkerrechtlichen Konventionen durchgängig und überzeugend erkennbar wird. Von solchen Konventionen wären dann auch wieder Rückkoppelungseffekte auf die nationale Umweltpolitik und das nationale Umweltrecht zu erwarten. Erreichbar erscheint dies allerdings nur, wenn die Überzeugung Allgemeingut wird, daß Produktions-Distributions- und Konsumtionsprozesse, deren toxische Neben- und Abfallprodukte nur noch mit unvertretbar hohen wirtschaftlichen, sozialen und politischen Kosten unschädlich gemacht werden können, ihrerseits nicht mehr wirtschaftlich, sozial und politisch vertretbar sind.
Daß dieses Kriterium auf eine Vielzahl der Produktions-, Distributions- und Konsumtionsweisen zutrifft, die für den globalen Verseuchungsprozeß verantwortlich sind, liegt auf der Hand. Ganz offenkundig ist aber auch, daß die Mehrzahl der zugänglichen Wirtschafts- und Sozialindikatoren auch für die Zukunft eher eine Außerachtlassung als eine Berücksichtigung dieses Kriteriums erwarten lassen. Besonders aussagekräftige Indikatoren für diese Prognose sind die ungebrochenen Zuwachsraten des Energieverbrauchs und des Bevölkerungswachstums.

Seit der Katastrophe von Tschernobyl – d. h. also, seit dem Jahre 1986 – zeichnet sich (wieder) eine weltweiter Verbrauchsanstieg bei den Hauptenergieträgern Kohle und Erdöl ab. Der Kohleverbrauch der »Energiegroßmächte« USA, China und (bis 1991) Sowjetunion stieg in dem Jahrfünft nach Tschernobyl um jährlich ca. 2,5 %. Die weltweite Erdölförderung stieg im selben Zeitraum sogar um ca. 4 %[157].
Ähnliches gilt auch für das Bevölkerungswachstum[158]. Nachdem die Weltbevölkerung in den 60er Jahren sehr stark (nämlich jährlich um 2,1 %) gestiegen war, sank die jährliche Steigerungsrate in den 70er Jahren bis Mitte der 80er Jahre auf 1,7 %. Inzwischen klettert sie wieder steil nach oben. Betrug der absolute Zuwachs der – heute weit jenseits der Fünf-Milliarden-Grenze angesiedelten – Weltbevölkerung in den 80er Jahren noch ca. 80 Millionen jährlich, so wird er aller Voraussicht nach in diesen 90er Jahren auf 90 Millionen klettern.
Daß dieser Zuwachs in erster Linie auf die wenig(er) industrialisierten Länder der Dritten Welt entfällt, ist unabweisbar. Unabweisbar ist aber auch, daß das nicht zuletzt auf die Maximierung von Exportgewinnen gerichtete Weltmarktverhalten der Industrieländer wie auch ihr – durch schwerste Schädigung ihrer natürlichen Lebensgrundlagen erkaufter – (Schein-)Wohlstand seit langem weltweit zu einer mehr oder minder fortgeschrittenen Imitation ihres way of life geführt hat. Die Dynamik dieser Imitation hat sich inzwischen verselbständigt, hat auch und gerade die Länder der Dritten Welt in den Teufelskreis der sozioökologischen Verelendung einbezogen[159].
Daß diese Prozesse zwangsläufig mit einem Anstieg des Energieverbrauches zusammengehen, liegt auf der Hand. Und auch mit dem Bevölkerungswachstum ist diese Entwicklung auf doppelte Weise verknüpft. Zum einen nämlich entfaltet die Übernahme des Produktions-, Distributions- und Konsumtionsverhaltens der Industrieländer eine zerstörerische, durch die hohe Bevölkerungszunahme zusätzlich beschleunigte Eigendynamik; zum anderen zwingt diese Zunahme die Entwicklungsländer zum Raubbau an ihren natürlichen Lebensgrundlagen. Daß es sich bei diesen – zumindest ökologisch gesehen – um ein überlebenswichtiges »gemeinsames Erbe der Menschheit« handelt, dessen Kostbarkeit gerade im Dahinschwinden augenfällig wird, läßt dieses Syndrom besonders gravierend erscheinen.
So steuert denn die Staatenwelt »souverän« in die Katastrophe einer globalen sozioökologischen Verelendung, der man allenfalls einen guten Sinn abgewinnen könnte, wenn man sie in die Dialektik einer Evolutionsdynamik verflochten sieht, deren Ziel uns verborgen bleibt.
All dies ist Grund genug zu der Frage, ob die Staatenwelt noch eine Chance hat, sich dem Sog der absehbaren Anabase »souverän« zu entziehen.

2. Souverän aus der Katastrophe?

Die Antwort auf die Titelfrage wird wohl ebenso ambivalent ausfallen müssen wie die Frage selbst. So überraschend diese These vielleicht zunächst auch klingen mag, so schwer läßt sie sich schon a limine verwerfen: Für manche Staaten erscheint die Chance, im Doppelsinne des Begriffes »souverän« aus der Umweltkrise herauszugelangen, weit größer als jede andere Perspektive. Unter bestimmten Voraussetzungen nämlich mag die Aufrechterhaltung der staatlichen Souveränität in den Belangen des Umweltschutzes der Effizienz der nationalen und damit indirekt auch der internationalen Umweltpolitik förderlicher sein als die Aufgabe einer rundum eigenständigen Umweltpolitik – überall dort nämlich, wo Staaten in einem Staatenmilieu leben, das auf ökologische Herausforderungen weniger sensibel zu reagieren pflegt als die sozialaktiven Kultur- und Machteliten des in Frage stehenden Staates.

Der Fall ist dies etwa im Verhältnis der Industriestaaten zu den Entwicklungsländern wie auch im Verhältnis vergleichsweise wohlhabender Industriestaaten wie der Schweiz, der Bundesrepublik Deutschland, Schwedens und Japans im Verhältnis zu anderen Industriestaaten in West und (mehr noch) Ost, deren wirtschaftliche Lage ihnen die Rücksichtnahme auf die (dort leider noch immer weitgehend) »freien« Güter Wasser, Luft und Erde in geringerem Maße nahelegt als anderen. In den vergangenen Jahrzehnten war dies vor allem im Verhältnis der westeuropäischen zu den osteuropäischen Staaten der Fall; auch innerhalb der sich zunehmend wirtschaftlich integrierenden westeuropäischen Staatengesellschaft war (und ist zum Teil noch heute) im Hinblick auf die Umweltpolitik ein erhebliches Effizienzgefälle zu beobachten. Und gerade der bisherige umweltpolitische Bewegungsstil der Europäischen Gemeinschaft macht auch deutlich, daß und warum eine – wieder im Doppelsinne des Begriffs zu verstehende – »souveräne« Umweltpolitik für die ökologische Situation einiger Staaten Vorteile bieten kann. Unabweisbar ist nämlich, daß zahlreiche umweltpolitische Einigungsprozesse innerhalb der Europäischen Gemeinschaft auf dem geringsten gemeinsamen Nenner erfolgten – eine Situation, die zumindest für den ökologisch informierten und engagierten Teil der Bevölkerung in den umweltpolitisch fortgeschrittenen Ländern ausgesprochen frustierend ist.

Daß sich diese Frustration dann selbst auf – normalerweise den Weg des geringstmöglichen Aufwands und größtmöglichen Gewinns suchende – Wirtschaftskreise erstrecken kann, zeigt die europäische »Lösung« der Katalysatorfrage. Die längst auf den obligatorischen Einbau des geregelten Dreiwege-Katalysators eingestellte deutsche Automobilindustrie konnte ihr umwelttechnisches Know-how zunächst nur in sehr begrenztem Maße anwenden, weil ihr sonst angesichts der lascheren Haltung der meisten anderen EG-Länder erhebliche Wettbewerbsnachteile entstanden wären. Daß sich inzwischen in der Fachwelt die Stimmen mehren, die den ökologischen Funktionswert des Katalysators unter diversen Aspekten eher bis sehr kritisch beurteilen, mag man noch als »Glück im Unglück« werten.

Wenn man von dem Idealtypus eines rundum autarken, wirtschaftlich in sich ruhenden und militärisch unangreifbaren Staatswesen ausgehen könnte, dessen Bevölkerung zudem einen hohen ökologischen Sensibilisierungsgrad erreicht hat und auch stets bereit ist, diese Sensibilität aktiv und passiv auszuleben, umweltpolitisch progressive Entscheidungen sowohl einfordern als auch hinzunehmen – wenn man von einem solchen Staatswesen ausgehen könnte, dann ließe sich wohl in der Tat ein im hier vorausgesetzten Doppelsinn verstandener »souveräner« Weg aus der sich abzeichnenden Umwelt-Katastrophe denken. Vor allem könnten sich dann sozioökologisch inspirierte Impuls- und Agitationswellen kreuz und quer durchwirken, ohne sofort durch die Berufung auf trans- und internationale Abhängigkeiten gestoppt oder doch abgebremst zu werden.

Doch – um mit Bert Brechts »Dreigroschenoper« zu sprechen – »die Verhältnisse, sie sind nicht so«[160]. Von einem Idealtypus der erwähnten Art auszugehen, ist unrealistisch. »Erewhon« (Samuel Butler[161]) ist »Nowhere« (William Morris[162]), und auch die Sezession »Ökotopia«(s) (Ernest Callenbach[163]) wird aller Voraussicht nach nicht stattfinden. Die heutige Staatenwelt ist ökologisch, ökonomisch, militärisch und bis zu einem gewissen Grade auch soziokulturell verflochtener denn je zuvor, auf Arbeitsteilung und Austausch angelegt und ausgerichtet. Umweltpolitischen Alleingängen scheinen daher auch – rechtliche Souveränität hin oder her – vergleichsweise enge Grenzen gesetzt zu sein. Diese Grenzen sind freilich in erster Linie kognitive Grenzen, deren Festschreibung oder Erweiterung eine Frage der menschlichen Wahrnehmungs-, Erkenntnis- und Wertsetzungsfähigkeit ist.

Vergleichsweise unproblematisch ist die nationalstaatliche Inanspruchnahme umweltpolitischer Handlungsräume dort, wo sie sich im Rahmen der vorherrschenden Evaluierungs- und Priorisierungstendenz halten. Die Verordnung von Produkt-Standards etwa, die nicht nur die Umweltbelastung der entsprechenden Produktions-, Distributions- und Konsumtionsprozesse verringern, sondern überdies auch noch Wettbewerbsvorteile auf dem Weltmarkt versprechen, gehören in diese Kategorie. Ihr zuzuordnen sind auch solche umweltpolitischen Entscheidungen, die zwar die betriebswirtschaftlichen Kosten von Produktions- und Distributionsprozessen erhöhen, dafür aber die volkswirtschaftlichen Kosten der durch diese Prozesse verursachten Umweltbelastungen verringern. Seit die Bereitschaft wächst, Umweltschäden zumindest rechnerisch zu kapitalisieren,[164] und das Gerede vom angeblichen Spannungsverhältnis von

Ökologie und Ökonomie allmählich verstummt, hat sich auch die soziopolitische Chance erhöht, der Be-rechnung von Umweltschäden die Zurechnung nach dem Verursacherprinzip folgen zu lassen und damit einige einschneidende umweltpolitische Entscheidungen systemkonform zu legitimieren.

Sehr viel geringer ist die Wahrscheinlichkeit, daß es zu »souveränen« umweltpolitischen Alleingängen kommt, dort, wo die übliche ökonomische Priorisierungstendenz in eine nicht ohne weiteres ausräumbare kognitive Dissonanz zu echten ökologischen (Über-)Lebensinteressen gerät. Wenn die Synchronisierung und Harmonisierung tatsächlich oder scheinbar divergierender Allgemeininteressen schon auf nationaler Ebene nicht mehr gelingt, kann sie auch nicht trans- und international weitervermittelt werden; der potentielle Alleingang wird also in solchen Fällen schon im Ansatz gelähmt. Gelingt er dennoch, so zumeist deshalb, weil die spezifische geopolitische Situation des betreffenden Staates seiner Regierung die Umkehrung der üblichen Priorisierungstendenz in dieser oder jener Frage zwingend nahegelegt. Daß dies so selten der Fall ist, liegt – wie wir immer wieder feststellen können – teils an der normativen, mehr noch jedoch an der exekutiven Ausgangssituation der »Altlast Recht«.

Liegen die hier skizzierten Voraussetzungen nicht vor – und dies ist in aller Regel (nicht) der Fall –, so ist es eher unwahrscheinlich, daß Staaten die Hoffnung hegen können, der sich allenthalben abzeichnenden Umweltkatastrophe »souverän« (und gar noch eher) zu entgehen (als andere Staaten). Ganz unabhängig von dem – sozusagen vor der Klammer jeder umweltpolitischen Bemühung stehenden – Umstand nämlich, daß zumindest Luft und Wasser keine Grenzen haben (und allen lediglich nationalen Anstrengungen daher nur ein relativer Erfolg beschieden sein kann), läßt sich auch nicht verkennen, daß wenigen vergleichsweise umweltbewußten Staaten eine Vielzahl weniger und wenig umweltbewußter Staaten gegenüberstehen. Für die letzteren haben die ersteren umweltpolitische Schrittmacher- und Assistenzfunktionen wahrzunehmen[165]. Und dies keineswegs nur unter dem naheliegenden Pro-domo-Aspekt, daß umweltpolitische Entwicklungshilfe indirekt auch umweltpolitische Selbsthilfe bedeutet, sondern nicht zuletzt auch im Hinblick auf den so leicht und so gerne verdrängten Umstand, daß dezidiert unökologische Verhältnisse auf dem Territorium der letzteren vielfach mehr oder minder direkt oder indirekt von den ersteren (mit)verursacht wurden und werden.

Bei den weniger oder wenig umweltbewußten Staaten handelt es sich in aller Regel um wirtschaftlich schwächere oder auch besonders schwache Staaten, die zum einen industriell weniger oder wenig entwickelt sind, daher auch weniger unter den sozialen Kosten der Industrialisierung zu leiden haben, und die zum anderen aus diesem Grunde in stärkerem Maße auf eine Ausbeutung ihrer natürlichen Ressourcen und auf eine –

die Produktion vordergründig verbilligende – lasche Umweltpolitik angewiesen zu sein glauben. Ihre rechtliche Souveränität wird durch die (zumindest mentale) Abhängigkeit von mehr oder minder freiwilllig adoptierten zivilisatorischen Fortschritts- und Entwicklungskonzepten und – in deren Gefolge – von technischem Know-how, Finanzhilfe und Import-/Exportkontrakten in erheblichem Maße relativiert.
Von einem Land wie Brasilien etwa, das Atomkraftwerke einkauft, dadurch eine enorme Schuldenlast auf sich lädt und diese Last dann u. a. durch die Abholzung und Vermarktung seines Regenwaldes[166] zu reduzieren sucht, kann man kaum erwarten, daß es das jenseitige Ufer einer relativen ökologischen Stabilität »souverän« erreichen wird. Es steuert souverän *in* die Katastrophe, nicht aber *aus* der Katastrophe. Die Chance zu einem derartigen Exodus könnte einem solchen Land wohl nur der Beitritt zu einem – nicht zuletzt die Rettung des heute so vielbeschworenen »gemeinsamen Erbes der Menschheit« anstrebenden föderalistischen Gebilde eröffnen, auf den es nicht zuletzt auch umweltpolitische Kompetenzen zu übertragen hätte. Und Ähnliches gilt selbstverständlich auch für andere als Entwicklungs- und Schwellenländer. Auch vergleichsweise strukturschwache Mitgliedsstaaten der Europäischen Gemeinschaft wie Irland, Portugal, Spanien und Griechenland können von der europäischen Richtlinienkompetenz umweltpolitisch erheblich profitieren.
Die Frage nach (ökologischem) Gewinn oder Verlust ist mithin eine Frage der Perspektive. Und beim Wechsel von einer primär nationalen zu einer primär trans- und internationalen – d. h. also: tendenziell ganzheitlichen – Perspektive spricht ein Summenkalkül ohnedies für den (wenn vielleicht auch zögerlichen) Fortschritt auf breiterer Ebene. Auch im Hinblick auf die europäische Umwelt-Szene bedeutet dies, daß der ökologischen Situation in allen Ländern mehr genützt ist, wenn ein hohes Durchschnittsniveau erreicht wird, als wenn zwei oder drei umweltpolitische Spitzenreiter ihren Abstand zu den Partnerstaaten drastisch zu vergrößern suchen, um dann schließlich doch wegen des (drohenden) Verlustes der Absatzmärkte für ihre teuren, weil umweltfreundlichen Produkte gestoppt (und damit vielleicht auch im Hinblick auf die innenpolitische Akzeptanz ihrer progressiven nationalen Umweltpolitik zurückgeworfen) zu werden.
Am wirkungsvollsten wären wechselnde und sich deshalb komplementär verzahnende Spitzenreiterpositionen der verschiedenen Mitgliedsstaaten in verschiedenen Bereichen der Umweltpolitik. In diesem Falle wären etwaige Wettbewerbsverzerrungen (weil nur einzelne Wirtschaftssektoren betreffend) mit finanzpolitischen Maßnahmen innerstaatlich leicht ausgleichbar und auch mit einer gewissen Wahrscheinlichkeit nur vorübergehender Natur. Überdies könnten die jeweiligen umweltpolitischen Spitzenpositionen in den zuständigen Gemeinschaftsorganen im Brustton der Überzeugung und ohne innenpolitische Dolchstoßgefahr mit Nach-

druck vertreten werden. Insgesamt könnte auf diese Weise ein wechselseitiges Heraufschrauben des umweltpolitischen Gemeinschaftsniveaus erfolgen.

Daß sich jedoch eine derartige Idealsituation leichter erdenken als verwirklichen läßt, liegt auf der Hand. Bewußt und gezielt herbeiführbar ist sie ohnedies nicht, da ein umweltpolitisches Vorpreschen oder Hinterherhinken einzelner Staaten nicht nur von ihrem allgemeinen ökonomischen und ökologischen Wohlstands- und Bewußtseinsniveau, sondern auch von nationalen Besonderheiten historischer, geopolitischer oder sozialpsychologischer Art herrühren mag. Wäre diese Idealsituation dennoch bewußt herbeiführbar, so könnte man wenigstens in einem metarechtlichen, übertragenen Sinne davon sprechen, daß der Weg aus der ökologischen Krise ein souveräner sein könne.

Unverkennbar ist immerhin, daß für umweltpolitisch (hoch-)motivierte Regierungen das hier skizzierte Szenario wenigstens dann und wann inszenierbar wäre. Bislang freilich ist derartiges nur vereinzelt erfahrbar. Die Regel sind noch immer mehr oder minder verbissene Rückzugsgefechte auf verschiedenen »Schlacht«feldern. Geführt werden sie im nationalstaatlichen Vorfeld, im Europäischen Ministerrat, der Europäischen Kommission und schließlich auch noch im Abwehrkampf gegenüber der – in wachsendem Maße eine gewisse umweltpolitische Eigendynamik entwickelnden – Europäischen Umwelt-Bürokratie[167]. Selbst die im europäischen Vergleich umweltpolitisch relativ progressive BRD ist mit der Umsetzung einer ganzen Reihe von Umweltrichtlinien der Europäischen Gemeinschaft im Verzug, mußte aus diesem Grunde sogar schon vom Europäischen Gerichtshof verurteilt werden[168].

Es ist dies nicht zuletzt ein Indiz dafür, daß weder auf die relative Progressivität »souveräner« Staaten noch auf die (partielle) Delegation von deren Souveränität auf zwischenstaatliche Instanzen Verlaß sein kann – mehr noch: daß überhaupt auf keine Institution oder Methode *per se* Verlaß sein kann. Verlaß ist allenfalls auf die Erwartung einer dynamischen Interaktion unterschiedlicher Kräfte und Institutionen sowie auch auf die Erwartung, daß der Druck der Verhältnisse diese Interaktion letztendlich eher zu einem Mit- als zu einem Gegeneinander werden läßt.

Die Hindernisse, die sich der Erfüllung dieser Erwartung immer wieder entgegenstellen, erwachsen keineswegs nur aus der unterschiedlichen geopolitischen Situation (die etwa in Großbritannien aufgrund seiner Westlage die Emissionskontrolle lange Zeit zu einer Curia posterior werden ließ) – sie entstehen nicht zuletzt auch aus der unterschiedlichen Perzeption ökologischer Problemkomplexe. Wenn etwa im Ringen um eine Reform der europäischen Agrarpolitik die britischen Ökologen lange Zeit für eine Niedrigpreispolitik, die deutschen jedoch für eine Hochpreispolitik plädierten, so war dies nicht Ausdruck eines eigensinnigen

Beharrens auf den eigenen Weg, sondern vielmehr Ausdruck einer unterschiedlichen umweltpolitischen Problem-Priorisierung. Gerade solche Kommunikationsschwierigkeiten, bei denen es nicht mehr um ein bloßes Vorauspreschen oder Hinterherhinken geht, verweisen auf die Notwendigkeit intensiver inter- bzw. transnationaler Interaktion und Kooperation. Zumindest insoweit gibt es zu ihr keine echte Alternative. Daß freilich gerade auch Interaktion und Kooperation – zumindest für Übergangszeiten – zu einer erheblichen Verschärfung der ökologischen Krisensituation führen mag, zeigt nicht zuletzt die Verkehrsproblematik.

Interaktion und Kooperation lassen sich nun einmal nicht auf einige wenige Politik-Felder und schon gar nicht auf potentiell so folgenreiche und einschränkende Sektoren wie die Umweltpolitik begrenzen. Mehr oder minder weitgehende Freizügigkeit im zwischenstaatlichen Menschen- und Güteraustausch ist unter den heutigen zivilisatorischen und politischen Verhältnissen nicht nur für Staaten-Verbindungen, die sich auf dem Wege zur Bundesstaatlichkeit befinden, eine schlichte Selbstverständlichkeit. Gerade diese Selbstverständlichkeit aber wie auch ihre ökonomischen Implikationen verdeckt und verdrängt immer wieder aufs neue die nüchterne Summation ihrer sozioökologischen Kosten. Vier Jahrzehnte eines zunehmend fiebrig gewordenen Nachkriegs-Tourismus haben uns solche Kosten gerade in Europa für diesen Lebensbereich immer nachdrücklicher vor Augen geführt[169].

Im Hinblick auf das mit der Eröffnung des europäischen Binnenmarktes zu erwartende Anschwellen der innereuropäischen Verkehrsströme stehen uns die entsprechenden Erfahrungen noch bevor. Die Tatsache jedenfalls, daß Hochrechnungen für den Wirtschaftsraum des künftigen Binnenmarktes bis zum Jahr 2000 eine Erhöhung allein des Straßen-Güterverkehrs um 40–50 % und im Alpentransit gar um ca. 100 % prognostizieren, läßt der Phantasie wenig Spielraum. Was nämlich die sog. Liberalisierung und Harmonisierung der Europäischen Verkehrspolitik für die Tyrannisierung und Disharmonisierung unserer natürlichen Lebensum- und Mitwelt bedeutet, wird einem jeden augenfällig, der sich mit dem überproportionalen Beitrag gerade des LKW-Verkehrs zur Gesamtheit der vom Verkehr ausgehenden Belastungen befaßt. Und wenn man zudem bedenkt, daß im Augenblick eine ganze Reihe weiterer Staaten an das Tor der bisherigen Zwölfergemeinschaft pochen und aller Voraussicht nach in nicht allzu ferner Zukunft den Verkehrsraum fataler Geschäftigkeiten noch erweitern werden, so bleibt nicht nur für die Phantasie, sondern auch für die Bereitschaft zu »Positivem Denken« nur noch wenig Raum.

Auch im Hinblick auf das »Drama der Mobilität«, in dem wir alle eine Doppelrolle spielen, läßt sich freilich das Rad der Geschichte nicht zurück-, sondern allenfalls weiterdrehen. Weiterdrehen – das heißt in diesem Falle: die der Situation entwachsende Aporie (an-)erkennen und dialektisch überwinden. Daß jedoch eine solche Überwindung der gegenwärtig erfahrbaren Aporie auf lediglich (umwelt-)technologischer Ebene erfolgen könnte, ist mit großer Wahrscheinlichkeit auszuschließen. Selbst lärm- und abgasfrei Zeit und Raum durchmessende Verkehrsträger würden schon bei der heute erfahrbaren und erst recht bei der für die Zukunft zu erwartenden Größenordnung der Verkehrsdichte eine auf Dauer nicht mehr hinnehmbare Zerschneidung der menschlichen Lebensräume und der menschlichen Lebenszeiten bewirken. Die Lösung der Verkehrsproblematik wird daher in erster Linie auf einer mentalen und konzeptuellen Ebene erfolgen müssen, die sich dann längerfristig auch in die Organisationsweise des (zwischen-)menschlichen Lebens hinein ausgliedern kann.

Der Zwang zur ständigen Erhöhung der Mobilitäten ergibt sich in der Industriegesellschaft aus der spezifischen Art des Handels und Wandels, aus der Art und Weise nämlich, in der die Produktion und Distribution von Gütern sowie die Reproduktion der Arbeitskraft erfolgt. Die Tatsache, daß der Ort der Herstellung von Gütern in aller Regel nicht mehr mit dem Ort ihres Ge- und Verbrauchs übereinstimmt, sowie auch die Tatsache, daß wir vielfach nicht mehr dort wohnen (und erst recht nicht mehr dort erholen), wo wir arbeiten, weil die Art unserer Arbeit uns dies gründlich verleidet hat, führt zu dem mehr oder minder direkten Zwang zur ständigen Überwindung von Entfernungen mit all seinen unheilvollen, sich in seiner Negativität ständig weitersteigernden Implikationen und Konsequenzen.

Eine allmähliche Abschwächung oder gar Umkehrung dieser Ausgangsplage läßt sich allenfalls dann erreichen, wenn man den Pfad einer echten (und nicht nur – wie dies heute vielfach der Fall ist – den Gemütswert des in die Nähe von »Heimat« gerückten Begriffs der Region ausbeutenden) Re-Regionalisierung und Re-Autarkisierung beschreitet[170]. Das von Aristoteles zur Lebens- und Überlebenskraft autarker Sozialgebilde Gesagte[171] hat auch nach mehr als 2000 Jahren nichts von seiner Richtigkeit eingebüßt. In der gegenwärtigen zivilisatorischen Situation hieße Re-Regionalisierung Wiederbesinnung auf die spezifischen, sich aus Natur und Geschichte der jeweiligen Region ergebenden sozialen und ökonomischen Interessen und Möglichkeiten – auf das also, was heute im Zeichen zusammenwachsender Märkte europa- und weltweit in immer stärkerem Maße zu verwischen versucht wird. Auch der üppige Gebrauch von Regionalisierungsrhetorik zur beschwichtigenden Akzeptanzsicherung einer konsequenten Zentralisierung wird keinen aufmerksamen Beobachter über diese Tendenz hinwegtäuschen können.

Fürs erste wird sich mithin aller Voraussicht nach an dem strukturpoliti-

schen main-stream wenig ändern – so lange wenig ändern, bis er über sämtliche Ufer tritt. Die Antwort auf nicht stattfindende Reformen ist in allen Lebensbereichen seit eh und je die Umwälzung, die Re-volution. Daß die Re-volution im Falle der ökologischen Krise von der so lange mißhandelten Natur angeführt (werden) wird, ändert nichts an dieser zeitlosen Erfahrung.
Die Mehrschichtigkeit der Verkehrs- und Transitproblematik ist geradezu paradigmatisch für den Gesamtbereich der Internationalen Umweltproblematik. Selbst dann nämlich, wenn man auf naheliegende evolutionsphilosophische und metaphysische Überlegungen und Spekulationen völlig verzichtet und sich nur an der Wünschbarkeit eines im umfassenden Sinne guten Lebens im Hier und Jetzt orientiert, gibt es keine Patentrezepte, keine eindimensionalen Problemlösungen, kein klares Ja oder Nein. Für die Entwicklung und den Einsatz von umweltfreundlichen Technologien gilt dies, aber auch für die Frage der internationalen Interaktion und Kooperation.
Wenn etwa von Umweltexperten eine »neue Generation von Technologien« angemahnt wird – Technologien also, »die nicht mehr die Arbeitsproduktivität maximieren, sondern die Ressourcenproduktivität« und »aus einer Kilowattstunde das Fünffache an Energiedienstleistungen heraus... holen«[172], so geht diese im Ansatz durchaus plausible Forderung von den gigantischen Umweltzerstörungen aus, die wir u. a. durch die Erzeugung von Energie mit den uns bisher zur Verfügung stehenden technischen Mitteln verursacht haben. Nicht bedacht wird dabei jedoch, daß auch die Erhöhung der Ressourcenproduktivität noch keine entscheidende Erleichterung bietet. Die Frage nämlich, ob – um im Beispiel zu bleiben – die vervielfachten Energiedienstleistungen nicht zu einer »Kraft«-Fahrt vom Regen in die Traufe genützt werden, läßt sich nicht technomorph beantworten. Zu ihrer Lösung bedarf es tiefgreifender mentaler Umorientierungen, die nicht nur den Umgang des Menschen mit der Natur, sondern auch den Umgang des Menschen mit seinem eigenen Leben in ihren Wirkkreis einbeziehen.
Ähnliches gilt aber auch für die Ausgangsfrage, ob bzw. inwieweit es für die Staaten als Protagonisten der Internationalen Umweltpolitik möglich ist, der heraufziehenden ökologischen Katastrophe »souverän« zu entgehen. Es ist, mit anderen Worten, die Frage, inwieweit sich internationale Kooperation umweltpolitisch funktional oder dysfunktional erweist. Daß Interaktion und Kooperation dazu führen können, daß sich das umweltpolitische Gesamtniveau hebt, indem nationale und internationale Aktionen und Re-Aktionen in einer Art von Kosakentanz synergetisch zusammenwirken, wurde schon hervorgehoben. Andererseits läßt sich allerdings auch nicht übersehen, daß der internationalen (insbesondere aber der durch institutionelle Bande jedweden Verdichtungsgrades inten-

sivierten) Kooperation auch eine potentiell umweltzerstörende Dynamik innewohnt.

Was für die verkehrs- und umweltpolitischen Implikationen und Konsequenzen des europäischen Binnenmarktes gesagt wurde, gilt auch für die verkehrs- und umweltpolitischen Implikationen und Konsequenzen des Weltmarktes. Die zerstörerische Eigendynamik der die Weltwirtschaft in zunehmendem Maße bestimmenden – schlechtestenfalls als Domination der Armen durch die Reichen und bestenfalls als Kooperation der »souveränen« Glieder der Weltgesellschaft definierbaren – internationalen Arbeitsteilung ist atemberaubend. Daß die ständig anwachsende internationale Verflechtung wesentlich zur Globalisierung der Umweltprobleme beigetragen hat, ist unabweisbar. Unabweisbar ist freilich auch, daß der Versuch, die Lösung dieser Probleme mit einiger Aussicht auf Erfolg anzugehen, deshalb zumindest auch international an- und einsetzen muß. Selbst für eine – aus umweltpolitischen Gründen bewußt gewählte – Politik der Entflechtung[173] könnte nichts anderes gelten. Im übrigen würde der Erfolg auch einer solchen Politik wieder von einer Wechseldynamik nationaler und internationaler Initiativen abhängen – vom ständigen Wettlauf zwischen dem sozioökonomischen Hasen und dem sozioökologischen Swinigel sozusagen.

Zu einem Wettlauf zwischen Hase und Swinigel wird mithin (bestenfalls) auch die Sanierung der nationalen und der internationalen »Altlast Recht« geraten. Bald mag der nationalstaatliche Souveränitätsanspruch zu einem Vorreiter, bald zu einem Hemmschuh der Rechtsentwicklung werden. Im Wechselspiel zwischen innerstaatlich an- und einsetzenden, von der bürgerschaftlichen Basis zur politischen Spitze aufsteigenden umweltpolitischen Druckwellen einerseits und zwischenstaatlich an- und einsetzenden umweltpolitischen Innovationen und Koordinationen wird sich entscheiden müssen, ob die fortgeschrittenen Industriegesellschaften und ihre Trabanten dazu in der Lage sind, ihren Gift- und Ressourcenverkehr auf ein umwelt- und sozialverträgliches Maß zurückzunehmen.

V Und zur Not dann Widerstand oder: Die Dialektik von Schutz und Gehorsam

Daß Not herrscht, wo dem Bürger durch die Folgen seines eigenen Tuns Gefahr für Leib und Leben erwächst – und daß »erst recht« Not herrscht, wo selbst das Recht diese Not nicht zu wenden vermag, ist unabweisbar. Just dieses aber ist hierzulande und weltweit der Fall.

Wie wir gesehen haben, sind weder die konkreten Strukturen des Umweltrechtes noch die abstrakten Versprechungen der Rechts- und Sozialstaatlichkeit in der Lage, das unsere sozioökologische Not Wendende mit hinreichender Wirk- und Zielkraft anzusteuern. Nach all dem Gesagten liegt der Schluß nahe, daß die an Staatsverfassung und Staatshoheit knüpfbaren Erwartungen – wenn überhaupt – nur durch massiven, multilateral ansetzenden Druck der heute vorzugsweise als »sozialaktiv« firmierenden gesellschaftlichen (Gegen-)Eliten ihrer Erfüllung entgegengeführt werden können. Die – wenn auch in unterschiedlicher Intensität – Einsichtigen und Betroffenen sind es allenthalben und immer wieder, die versuchen, die faktischen wie die normativen Altlasten zu sanieren oder doch wenigstens nicht ins Ungemessene wachsen zu lassen.

Diese Art von (leider nur unzureichend »konzertierter« und konzertierbarer) Aktion gibt und verstärkt (Über-)Lebensimpulse in vielen Bereichen der sozioökologischen Notstandsszene. Die Allgegenwärtigkeit, Unentrinnbarkeit und Undurchschaubarkeit der meisten (sozio-) ökologischen Degenerationsprozesse erlaubt freilich selten mehr als einen – teils punktuellen, teils diffusen – An- und Einsatz der wider den Strich der technisch-ökonomischen Fortschrittsphalanx Denkenden und Handelnden. Daß dieser An- und Einsatz der alternativen Bewußtseins- und Aktionseliten dann von den die Pluralität der sozial präsenten Interessen und Tendenzen verwaltenden Machteliten gegen die gängigen Fortschrittsvorstellungen aufgewogen und ausgespielt – und das heißt zumeist: im Sinne umweltpolitischer Zielsetzungen bis zur Unkenntlichkeit verwässert – werden, ist ein diesseits und jenseits unserer Grenzen landauf landab erfahrbares Phänomen. Nur in wenigen Bereichen gibt es so etwas wie eine massive Verdichtung des gesellschaftlichen Gegenkurses.

Der wohl am klarsten konturierbare Bereich dieser Art ist die Energiepolitik – genauer: die sog. friedliche Nutzung der Atomkraft –, deren Hochburgen seit Mitte der 70er Jahre in zum Teil bürgerkriegsähnliche Formen annehmenden Attacken der Ökologiebewegung berannt werden. Das letzte spektakuläre Aufflammen dieses soziopolitischen Phänomens erfolgte im Bannkreis der »friedlichen« Katastrophe von Tschernobyl, bei der (am 26. April 1986) auf einen Schlag das 2000fache der Menge an Radioaktivität freigesetzt wurde, die beim durchaus nicht friedlichen Angriff auf Hiroshima niederging. Sie schien – nicht nur hierzulande – das Maß des Hinnehmbaren vollzumachen, ließ die in den Schlachten von Wyhl, Brokdorf, Grohnde und Wackersdorf aufs erbittertste attackierte Festung der Befürworter der Atomenergie zumindest hierzulande sturmreif erscheinen.

Der im Gefolge der deutschen Wiedervereinigung entstehende Modernisierungssog und die sich verschärfende Ozonloch- bzw. CO_2-Krise droht nun allerdings der internationalen Atomlobby ein zwar leicht widerlegbares, aber dennoch wirkungsvolles Legitimationsargument in die Hand zu spielen und damit die sattsam bekannte Teufel-Beelzebub-Dialektik wieder in Gang zu setzen[174]. Die nächste Inszenierung zivilisatorischer Kraft- und Gegenkraftmeierei ist mithin in Sichtweite gerückt. Eine zumindest von der einen, zum Teil aber wohl auch von der anderen Seite der Front als Notsituation empfundene Konstellation wird aller Voraussicht nach wieder zu Protestaktionen unterschiedlicher Reichweite führen – zu Aktionen, die dann wohl auch an der Grenze dessen nicht haltmachen werden, das gemeinhin mit der (sozial, politisch und rechtlich akzentuierbaren) Kategorie des Widerstands umschrieben werden muß. Unsere Gesellschaft wird sich spätestens dann, sinnvollerweise aber schon lange zuvor, wieder die Frage stellen müssen, wie sie derartige Vorgänge und Aussichten sozial, politisch und rechtlich bewerten will.

Widerstand, Widerstandsrecht und Widerstandspflicht unterliegen in den westlichen Industriegesellschaften einer eigenartigen Paradoxie. Auf der einen Seite gehören sie zum klassischen Repertoire der politischen Kultur des Abendlandes. Auf der anderen Seite sind die Berührungsängste so groß, daß der Widerstand im Hier und Jetzt zugleich auch einem Quasi-Tabu unterliegt.

Die schweizerische und die österreichische Rechtsordnung kennen das Widerstandsrecht nicht als staatlich normiertes, sondern allenfalls als überstaatliches Naturrecht. Die Bundesrepublik hat das Widerstandsrecht in Art. 20 Abs. 4 des Grundgesetzes verankert. Als dies – reichlich spät übrigens, im Jahre 1968 nämlich und im Zusammenhang mit dem Erlaß der Notstandsgesetzgebung (als Zuckerbrötchen, das die Peitsche versüßen sollte) – geschah, fand dieser durchaus bemerkenswerte Akt keinen nennenswerten Widerhall. Daß er aber keinen nennenswerten Widerhall fand, ist Teil der erwähnten Paradoxie.

Widerstand – das war für die überwiegende Mehrzahl der Deutschen nahezu 30 Jahre lang etwas eher Entrücktes, Gestriges und natürlich auch

ungemein Heroisches. Widerstand – das war Oberst Stauffenberg mit der Anti-Hitler-Bombe, oder auch jener historisch verfremdete Damon, der zu »Dionys dem Tyrannen« schlich, »den Dolch im Gewande« (wie wir mit Friedrich Schiller wissen[175]). Widerstand hatte jedenfalls nichts oder doch herzlich wenig mit der Gegenwart zu tun – konnte und durfte nichts zu tun haben mit unserem aus der Asche eines mörderischen Unrechtsstaates wiedererstandenen und daher ach so freiheitlichen Gemeinwesen. Das gelegentliche Aufflammen eines von sogenannten Randgruppen getragenen Volkszorns – im Zusammenhang mit der Wiederbewaffnung etwa oder vor dem Erlaß der Notstandsartikel – wurde von den Regierenden und der mehr oder weniger »schweigenden Mehrheit« höchstens als heftiger Ausdruck oppositioneller Gesinnung hingenommen, jedoch kaum mit Widerstand und Widerstandsrecht in Verbindung gebracht. Allmählich wiederentdeckt wurde das Recht auf Widerstand oder auch auf »bürgerlichen Ungehorsam« (wie man nun zumeist vorsichtiger formulierte) erst ab der zweiten Hälfte der 70er Jahre, als sich aus der Bürgerinitiativbewegung eine programmatisch verdichtete Ökologie-, Alternativ- und Friedensbewegung zu entwickeln begann[176].
Den Auftakt zur Eskalation des politischen Protestes zum gezielten Widerstand bildeten die Besetzungen von Atombaustellen wie Wyhl, Brokdorf und Grohnde, die Aktionen gegen städtebauliche »Sanierungs«vorhaben und die Demonstrationen gegen umweltzerstörende Großprojekte wie Flughäfen, Autobahnen und dergleichen. Im Zeichen der Debatte um die Stationierung nuklearer Mittelstreckenraketen hatte das Reden und Schreiben über die Tunlichkeit des »bürgerlichen Ungehorsams« in der Bundesrepublik Deutschland einen vorläufigen Höhepunkt erreicht. »Es ist Zeit«, sagte der von den Umweltschützern und seiner eigenen Uneinsichtigkeit zur (politischen) Strecke gebrachte amerikanische Innenminister James Watt, als er dem Präsidenten im Herbst 1983 sein Rücktrittsgesuch überreichte[177]. Auch für viele Deutsche schien vor den Beschlüssen der Stationierung von Mittelstreckenraketen »Die Grenze des Zumutbaren« (Günter Grass[178]) erreicht, schien »ziviler Widerstand« (wie eine andere der abschwächenden Vokabeln lautet) den Rang einer schlichten Bürgerpflicht zu erlangen. Und Tschernobyl hat dann zumindest die mentale Eskalation auf eine bis dahin noch nicht erreichte Stufe gehoben.

1. Widerstand – was heißt das eigentlich?

»Gegen jeden, der es unternimmt, diese Ordnung zu beseitigen, haben alle Deutschen das Recht zum Widerstand, soweit andere Abhilfe nicht möglich ist.«

So steht es in Art. 20, Abs. 4 des deutschen Grundgesetzes. Angesichts der naturrechtlichen Herkunft[179] des Widerstandsrechtes könnten sich mit guten Gründen Widerstand Leistende jedoch auch dann auf ein solches Recht berufen, wenn es nicht in der Verfassung stünde – was, wie schon erwähnt, für die Schweiz und für Österreich gilt. Da es in der Bundesrepublik aber nun einmal (überflüssigerweise) festgeschrieben wurde, pflegt seine grundgesetzliche Fassung dort auch als Ausgangspunkt für jede Widerstandsdiskussion zu dienen. Und daß dann solche Diskussionen in aller Regel kontrovers ausfallen, liegt in der »Natur der Sache«.
Wenn man bedenkt, wieviel dabei auf dem Spiele steht, ist nicht verwunderlich, daß diese Kontroversen schon beim Begriff des Widerstands selbst einsetzen. Die Verteidiger des umwelt- und wehrpolitischen Status quo pflegen den »bio-pazifistischen« (Josef Isensee[180]) Protest eher als »bürgerlichen Ungehorsam« denn als Widerstand zu titulieren. Bei ihnen geschieht dies vor allem in der eifrigen Bemühung, ihm nichts von jener hehren Weihe zu belassen, die dem Widerstandsrecht und seiner Ausübung seit eh und je zukam. Auch diejenigen aber, die die Grenzen des Hinnehmbaren längst überschritten glauben, sprechen häufiger von »bürgerlichem Ungehorsam« als von Widerstand. Bei ihnen geschieht dies zum Teil im Blick auf die historische Befrachtung des Begriffs, zum Teil in der Bemühung um eine Eingrenzung der Widerstandsmethoden. Zum Teil geschah es wohl auch aus der Sorge, in eine falsche politische Ecke manövriert zu werden – eine Sorge, die angesichts der bis zur deutschen Wiedervereinigung und dem Zerfall der UdSSR gängigen Abqualifizierung engagierter Umweltschützer als fremdgesteuerte »Kommunisten« oder »Anarchisten« nur allzu verständlich war.
Die in diesen terminologischen Unsicherheiten zum Ausdruck kommenden Berührungsängste sind indessen unbegründet. Die Behauptung nämlich, daß zwar möglicherweise dieses und jenes, nicht aber »diese Ordnung« im Sinne des Widerstandsartikels bedroht sei, steht auf ebenso tönernen Füßen wie die, daß »andere Abhilfe« durchaus möglich sei und man daher auch nicht von einer legitimen Widerstandssituation ausgehen könne.
»Friede geht nicht vor Demokratie«, überschrieb der Politikwissenschaftler Peter Graf Kielmansegg im »heißen Herbst« 1983 einen ›Zeit‹-Artikel[181]. Er hätte auch schreiben können, »Ökologie geht nicht vor Demokratie«. Gemeint war: sich für pazifistische oder ökologische Belange einzusetzen sei ein Ding, der Demokratie die Treue zu halten ein ganz anderes Ding. Tue man das erstere mit einer bis zum »bürgerlichen Ungehorsam« reichenden Intensität, so gefährde man die Demokratie und könne sich auf keinen Fall auf ein Widerstandsrecht berufen.
Wer so argumentiert(e) – und es sind viele, die so oder ähnlich argumentier(t)en – hat freilich die Abschüssigkeit nicht nur unserer ökologischen,

sondern auch unserer politischen Gegenwartslage noch nicht erfaßt. Es ist zwar unverkennbar, daß die Väter des Grundgesetzes nur eine Bedrohung der sog. freiheitlich-demokratischen Grundordnung im Auge hatten. Unverkennbar ist aber auch, daß der beispiellose Triumphzug der technisch-ökonomischen Rationalität, den wir seit dem Erlaß des Grundgesetzes erfahren haben, diese freiheitlich-demokratische Grundordnung in wachsendem Maße auszuhöhlen vermochte und auch aller Voraussicht nach weiter aushöhlen wird.

Selbst wenn man einmal von der oben dargelegten Aushöhlung der Rechtsstaatlichkeit durch die Entwicklungsgesetzlichkeit eines potentiellen Atomstaats absieht, die den »radioaktiven Zerfall der Grundrechte«[182] zur größten Herausforderung des Rechtsstaats in unserer Gegenwart hat werden lassen, ist zu fragen, wie es auch nur mit dem sog. Mutterrecht unserer Verfassungsordnung – dem Grundrecht auf Leben und körperliche Unversehrtheit – steht in einer Lebenswelt, die den Bürger mit Giften aus Wasser, Luft und Erde förmlich überschwemmt. Wird »diese Ordnung«, der das Recht auf Leben und körperliche Unversehrtheit zugrunde liegt und die sich auch als »Sozialstaat« zur Daseinsvorsorge verpflichtet hat, nicht beseitigt von denen, die sich weigern, dem großen Sterben der Natur (das unser eigenes vorbereitet und begleitet) durch wirksame Maßnahmen Einhalt zu gebieten? Wird der Staat in seiner umweltpolitischen Laszivität nicht zum Verfassungsfeind par excellence?

Bei der Nachrüstungsdebatte mochte noch zweifelhaft bleiben, ob das Konzept der Abschreckung dem Frieden nicht doch eher nützte als schadete. Die geradezu dramatische Schutzbedürftigkeit unserer dahinsiechenden Wälder[183], unserer zunehmend verseuchten Erde und Nahrung, jedoch kann kaum ernsthaft in Frage gestellt werden. Auch Goldberge können den Ursprung unserer Nahrung, können die Quellen und Filter unseres Trinkwassers, können unsere Atemluft und die unser Leben schützende Ozonschicht nicht ersetzen. »Diese Ordnung«, von der im Widerstandsartikel die Rede ist, wird mithin in einer noch viel elementareren Weise gefährdet, als es sich die Väter des Grundgesetzes auch nur hätten träumen lassen können. Ihre Beseitigung im Gange zu sehen, bedarf es jedenfalls keiner besonderen Anstrengungen der Phantasie. Eine im Sinne der Rechtsprechung des Bundesverfassungsgerichtes um den »objektivierten Sinn der Verfassung«[184] bemühte Rechtswissenschaft kann daran nur vorbeigehen, sofern sie mit der sprichwörtlichen Blindheit geschlagen ist. Just dies scheint jedoch – trotz zunehmender Sehübungen – noch immer weithin der Fall zu sein.

Ähnliches wie für die Gefährdung »dieser Ordnung« gilt aber auch für die Frage, ob »andere Abhilfe« möglich sei. Diejenigen, die behaupten, daß dies der Fall sei, können auf eine Vielfalt von begehbaren rechtlichen und politischen Wegen verweisen. Und es ist auch unleugbar, daß das Beschreiten dieser Wege in der Vergangenheit die eine oder andere Erleichterung gebracht haben mag. Die ökologische Gesamtsituation hat sich aber dennoch unaufhörlich und überdies in einem beängstigenden Beschleunigungsrhythmus verschlechtert. Die Frage nach der Möglichkeit anderer Abhilfe ist mithin nicht zuletzt auch zu einer Frage der Rechtzeitigkeit geworden. Und daß die Fähigkeit der staatlichen Institutionen, für diese Rechtzeitigkeit Sorge zu tragen, heute mit Fug und Recht bezweifelt werden kann, ist unabweisbar. Regierungen und Parlamente, die am Vorabend der Entwaldung Mitteleuropas nicht in der Lage zu sein scheinen, auch nur für ein wirksames Tempo-Limit oder die kurzfristige Entschwefelung von Kraftwerken (geschweige denn für die Entgiftung von Hausheizungen und Kraftfahrzeugen) zu sorgen, und ein gerichtlicher Instanzenzug, an dessen Ende ein Gericht steht, das die »Schwelle praktischer Vernunft«[185] weder bei der Inkaufnahme der auch von ihm so genannten Risiken der Atomenergie noch bei der Inkaufnahme der gesetzgeberischen Säumigkeit beim Immissionsschutz überschritten sieht, wird schwerlich umweltpolitisches Vertrauen wecken können.

2. Gefängnis oder Denkmalsockel?

Eine Berufung auf das grundgesetzliche Widerstandsrecht aus übergesetzlichem ökologischem Notstand für keineswegs abwegig zu erklären, heißt freilich noch lange nicht, dazu aufzufordern. Die Entscheidung zu einem solchen Schritt unter Inkaufnahme der damit verbundenen Risiken kann niemandem abgenommen werden. Die Zwielichtigkeit eines legalisierten Widerstandsrechtes erweist sich spätestens an diesem Punkte. Wer seine Voraussetzungen für gegeben hält, es in Anspruch nimmt und sich dabei guten Gewissens in seiner Rechtsordnung geborgen glaubt, mag einem bitteren Erwachen entgegensehen. Die Macht, gegen die er aufbegehren zu müssen glaubt, gegen die er geradezu eine Widerstandspflicht zu haben meint, weil sie sich in seinen Augen anschickt, »diese Ordnung« zu beseitigen, wird ihn im Zweifel nicht für einen das Vaterland an der ökologischen Front verteidigenden Helden, sondern vielmehr für einen strafwürdigen Rechtsbrecher halten. Und ob er dann schließlich auf einem Denkmalsockel oder im Gefängnis (und im Dunkel der Geschichte) landet, wird nicht zuletzt von der Art und vom Erfolg seines Vorgehens abhängen.
Nicht nur bei der Entscheidung über das ›Ob‹, sondern auch bei der Entscheidung über das ›Wie‹ eines etwaigen Widerstandes ist der Bürger in erster Linie auf sein eigenes Urteilsvermögen angewiesen. Da die normative Grundordnung unserer Gemeinwesen von der überwiegenden Mehrheit der Bürger (einschließlich der mit dem umweltpolitischen Status quo

Unzufriedenen) bejaht wird und zumeist nur die Art und Weise ihrer Vollziehung in Frage steht, ist besondere Behutsamkeit geboten. Der Widerstandwillige zieht eher gegen ökologische Bewußtlosigkeit, Uneinsichtigkeit und Fahrlässigkeit als gegen Böswilligkeiten irgendwelcher Art zu Felde. Um nicht nur die ethische Basis seines Widerstands, sondern auch die Chance eines Erfolges nicht drastisch zu mindern, wird er gegebenenfalls die Art seines Vorgehens dieser Situation anpassen müssen.

Wenn in den letzten Jahren das Konzept des gewaltlosen »bürgerlichen Ungehorsams« im Mittelpunkt sowohl der Theorie als auch der Praxis des »zivilen« Widerstands gegen umwelt- und wehrpolitische Entscheidungen stand[186], so war (und ist) dies ein Versuch, dieser Situation gerecht zu werden. Wer in Wackersdorf und anderen Schauplätzen des Volkszorns an derartigen Einsichten vorbeiging, nützte sehr wahrscheinlich niemandem – am allerwenigsten der Sache, der er zu dienen vorgab. Wer andererseits Gewaltlosigkeit zu Gewalt erklärt, wie dies seinerzeit der deutsche Innenminister Friedrich Zimmermann im Hinblick auf Sitzblokkaden tat, riskiert den Vorwurf einer gefährlichen Eskalation des – in diesem Falle psychologischen – Terrors.

Auch die gewaltlose Regelverletzung bleibt natürlich Regelverletzung und ist als solche illegal[187]. Der Verzicht auf Gewalt signalisiert jedoch den Hütern der Legalität, daß die Regelverletzung keine völlige, sondern nur eine teilweise Verneinung des Status quo bedeutet. Im Grunde handelt es sich bei Demonstrationen des Protestes wie Schwimmketten vor auslaufenden Gifttankern à la Greenpace[188] oder Baustellenbesetzungen à la Wyhl lediglich um Warnschüsse vor den Bug eines Staatschiffes, das aus der Sicht der »ungehorsamen Bürger« Kurs auf Eisberge genommen hat – um Akte also von eher symbolischer Bedeutung. Um Akte freilich auch, die das Staats- und Gesellschaftssystem in einer sehr viel tiefgreifenderen Weise herausfordern mögen, als dies bei politischen Umsturzversuchen der Fall ist, die nicht selten zwar die Veränderung der rechtlichpolitischen Instiutionen und den Austausch ihrer Träger, nicht aber die Veränderung der ganzen Arbeits- und Lebensweise im Auge haben, wie dies beim sozioökologisch motivierten »zivilen Widerstand« zum Teil der Fall ist.

3. Die Dialektik von Schutz und Gehorsam

Über das Widerstandsrecht nachgedacht wurde stets, wenn soziokulturelle oder soziopolitische Umwälzungen oder doch Konfrontationen epochalen Zuschnitts im Gange waren. Im Rahmen der abendländischen Kulturgeschichte war dies etwa zur Zeit des Ringens zwischen Kaiser und

Papst um die Oberhoheit im Heiligen Römischen Reich, zur Zeit der konfessionellen Bürgerkriege des 16. und 17. Jahrhunderts und in der vorrevolutionären Abenddämmerung des politischen Absolutismus der Fall. Der bürgerliche Rechtsstaat hatte zunächst geglaubt, das Widerstandsrecht in die Rumpelkammer der Geschichte verweisen zu können, wurde dann aber durch den faschistischen Rückfall in die Barberei jäh aus seiner Selbstzufriedenheit aufgeschreckt. Die im Umkreis dieser bitteren Erfahrung erfolgte Renaissance der Widerstandsidee blieb jedoch Episode. Gegen Ende des 20. Jahrhunderts scheint der bürgerliche Rechtsstaat nun erneut – wenn auch unter ganz anderen Vorzeichen – aus seiner selbstgefälligen Unschuld aufgeschreckt zu werden.

Die gegenwärtige Menschheitsstunde steht im Zeichen einer grundstürzenden Infragestellung der technisch-ökonomischen Rationalität überkommener Prägung. Und sie wird bestimmt vom immer nachdrücklicheren und härteren Zusammenstoß zwischen denjenigen, die den bisherigen Weg fortschreiten und zur Ermunterung ihrer Gefolgschaft Symposien über »Die Angst und ihre Überwindung« (so das Thema eines der sog. Mainauer Gespräche) abhalten oder mit einer rhetorischen Fürsorglichkeit, die kaum mehr verfängt, vor Umwelthysterie und Panikmache warnen, und denjenigen, die die in der rechts- und staatsphilosophischen Diskussion seit Jahrhunderten beschworene, Bürger und Staat gleichermaßen verpflichtende Korrelation von Schutz und Gehorsam im Lichte der ökologischen Krise aufgehoben sehen[189]. Denn dies ist es ja, was ausgesprochen oder unausgesprochen hinter der wachsenden Bereitschaft steht, den »Kampf ums Recht« (Rudolf von Ihering[190]) auch bis zur punktuellen Regelverletzung zu führen – die Überzeugung nämlich, daß der Staat dem Bürger nicht mehr den Schutz gewährt, der einzig seine Herrschaft zu legitimieren vermag. Bürgerlicher Ungehorsam mag nicht sehr schwerfallen, wo der Bürger die Folgen seines Gehorsams – die Hinnahme also einer in seinen Augen ins Unheil führenden Politik – mehr fürchten muß als die Folgen seines Ungehorsams. Und angesichts der Unumkehrbarkeit mancher Entwicklungen – des durch die Kernspaltung eingeleiteten Strahlungsgeschehens etwa und vielleicht auch schon des Waldsterbens, wie manche Biologen fürchten – werden solche Situationen, in denen der Bürger versucht sein mag, aus der Legitimität eines übergesetzlichen (ökologischen) Notstandes heraus die Legalität hintanzustellen, immer häufiger.[191]

Was sind schon – um einen Extremfall zu nennen – ein paar Monate Gefängnis gegen die Aussicht, in einer radioaktiv verseuchten Umwelt einem nicht allzu fernen Krebstod entgegenzusehen? Fragen wie diese werden heute von immer mehr (vor allem, aber keineswegs nur) jungen Menschen gestellt. Und ob sie sich auf ein legalisiertes oder auf ein übergesetzliches Widerstandsrecht berufen, ist dabei dann schon von eher nebensächlicher Bedeutung. Das Recht, im Konfliktfalle dem eigenen Gewissen den Vorrang vor jeder menschlichen Norm einzuräumen, zählt ohnedies zu den »ew'gen Rechten, die droben hangen unveräußerlich«, wie es Friedrich Schiller im »Wilhelm Tell« seinem Stauffacher in den Mund gelegt hat[192].

Gibt es Auswege aus dieser nicht gerade glücklichen Situation?

Da man bei einer Fortsetzung der gegenwärtigen sozioökonomischen und soziopolitischen Entwicklung davon ausgehen muß, daß sich die ökologische Situation in absehbarer Zeit eher verschlechtern als verbessern und der Widerstand der ökologisch Gesinnten gegen diese Entwicklung daher auch eher verstärken als abschwächen wird, bleiben dem Staat als der Organisation des für die gegenwärtige Situation verantwortlichen Gesellschafts- und Wirtschaftssystems im Grunde nur zwei Möglichkeiten – den ökologischen Protest in stärkerem Maße als bisher zu unterdrücken bzw. zu unterlaufen, oder aber in stärkerem Maße als bisher an der Beseitigung seiner politischen Voraussetzungen zu arbeiten. Zu beiden Reaktionsmöglichkeiten gibt es inzwischen Ansätze.

Wählt »der Staat« (d. h. also, soziologisch gesehen, die ihn bestimmenden ökonomischen und politischen Machteliten) unter dem Druck des – nach den Worten des großen Biologen Adolf Portmann demnächst Amok laufenden[193] – Industriesystems den Weg der Unterdrückung, so kann er dies etwa damit einleiten, daß er Gewaltlosigkeit zu Gewalt erklärt, wie dies im Zuge umwelt- und wehrpolitischer Protestaktionen immer wieder geschah, oder sich auf die Verschärfung des Demonstrationsrechtes und den Ausbau des Waffenarsenals der Polizei konzentriert, wie dies in der Auseinandersetzung mit dem Widerstand gegen die WAA Wackersdorf von den Repräsentanten der bayerischen ›Obrigkeit‹ lauthals gefordert wurde.

Zu fürchten steht in diesem Falle, daß sich das, was heute noch in Gestalt des gelegentlichen ›bürgerlichen Ungehorsams‹ den Charakter eines vergleichsweise milden Ordnungsrufes trägt, bei Zuspitzung der Situation (angesichts entnadelter und entlaubter Wälder und im Bewußtsein radioaktiv verseuchter Felder einerseits und allgegenwärtiger Polizeiknüppel andererseits) zu einem umfassenden Widerstand entwickeln wird, der dann – mit oder ohne Berufung auf die Verfassung – vielleicht auch vor unseren politischen Institutionen und ihren Trägern nicht mehr haltmachen könnte. Daß derartige Umstürze ohne einen grundstürzenden und grundlegenden Bewußtseinswandel zumeist nicht halten, was sie versprechen, ist eine Erkenntnis, die in solchen Situationen dann leicht vergessen wird.

Der andere Weg ist der Weg der Umkehr – der »geordnete Rückzug« auf eine das Menschenmaß nicht so grotesk überschreitende zivilisatorische Option, wie die heute noch immer verfolgte. Daß die Reform den besten

Schutz gegen die Revolution darstellt, ist eine uralte Erkenntnis. Diese Erkenntnis hat zuletzt dem Sozialstaat den Weg bereitet. Sie könnte auch einem von mehr ökologischem Verantwortungsbewußtsein getragenen »Naturstaat«[194] den Weg bereiten.

Daß Widerstand aus ökologischen Gründen zu einem öffentlichen Thema werden konnte, ist eine Frucht der heute allgegenwärtigen Erfahrung, daß die Natur stirbt und der Mensch mit ihr stirbt, weil er von seinem »Natur«recht auf Freiheit und Eigentum im Übermaß Gebrauch gemacht hat. Wenn die Nachgeborenen sich nun anschicken, durch Rückgriff auf ein anderes Naturrecht – auf das ebenfalls längst zum Verfassungsrecht gewordene Naturrecht auf Leben und körperliche Unversehrtheit nämlich – mit Macht gegen diese Entwicklung anzukämpfen, so ist es ein Kampf um das der Natur und damit auch dem Menschen als einem Teil der Natur zuträgliche Maß. Daß sich dieses der Natur und damit auch dem Menschen zuträgliche Maß schon aus erkenntnistheoretischen Gründen nur hypothetisch und tentativ bestimmen läßt[195], pflegt dem Kampf um das zumindest subjektiv als akzeptierbar Empfundene in aller Regel nichts von seiner Intensität zu nehmen.

Die von des erkenntniskritischen Gedankens Blässe Angekränkelten stehen ohnedies selten an der vordersten Front des Aktionismus. Stets aber gibt es diese Front. Und im Hinblick auf den seit langem latent im Gange befindlichen, immer wieder aus der Latenz in die Evidenz tretenden ökologischen Bürgerkrieg wächst die Front der den satten Bürgerfrieden aus existentiellen Notvorstellungen Störenden unaufhörlich. Einzelne Störenfriede lassen sich dabei leicht kriminalisieren. Ein großer, stetig wachsender Teil der Gesamtsbevölkerung jedoch läßt sich nicht mehr kriminalisieren. Wenn er abqualifiziert wird, geraten die Abqualifizierenden selbst in Gefahr.

Wenn man den Umfragen der Demoskopen trauen darf (und man darf es angesichts der mannigfachen Bedingtheiten ihrer Befragungstechniken nur in begrenztem Maße), so gab es in der Bundesrepublik nach Tschernobyl eine Zwei-Drittel-Mehrheit potentieller Atomkraftgegner. Und auch in Österreich dürfte heute eine Abstimmung für oder gegen Zwentendorf sehr viel eindeutiger ausfallen, als es im Jahre 1978 der Fall war[196]. Solche Mehrheiten haben sich nach einer Ruhepause wieder abgeschliffen, haben sich auch nicht sofort in einer grundstürzenden Weise wahlpolitisch ausgewirkt. Aber sie sollten für die Regierenden doch ein Signal sein, sollten ihnen jenen »Obskurantismus«[197] nehmen, mit dem die Götter bekanntlich schlagen, wen sie verderben wollen. Die den Exodus aus der auf mehr oder minder hemmungsloses Wachstum setzenden »Risikogesellschaft« (Ulrich Beck)[198] Fordernden, die diesen Exodus trotz zunehmender Plagen hartnäckig Verweigernden und die sich aus existentieller Verzweiflung auf die »ewigen Rechte« Besinnenden, »die droben hangen unveräußerlich«, sind jedenfalls in einer schicksalhaften Weise miteinander verbunden.

Die Sozialwissenschaften mögen diese schicksalhafte Verbindung in ihrer spröden Sprache mit dem Begriff der »Rückkoppelung« belegen. Wer politischen Instinkt hat – und in einer Demokratie sollten alle, Regierende wie Regierte, politischen Instinkt haben –, bedarf solcher systemtheoretischer Krücken nicht. Er spürt es, wenn die zu (wie auch immer beschaffenem) Widerstand motivierende Not in eine Größenordnung hineinzuwachsen droht, die die – für das »geordnete« Zusammenleben der Menschen in Staat und Gesellschaft unabdingbare – Korrelation von Schutz und Gehorsam zu sprengen vermag. Spätestens dann ist es an der Zeit, die angewachsenen Altlasten zu sanieren und die zivilisatorischen Weichen anders zu stellen.

Nachwort

Die in diesem Buch zusammengefaßten Überlegungen zum Thema »Altlast Recht« standen und stehen unter einer unausgesprochenen Grundannahme – unter der Annahme nämlich, daß Recht und Staat heute noch taugliche Instrumente zur Überwindung der sozioökologischen Krise sind. Ob dies jedoch der Fall ist, erscheint mir alles andere als selbstverständlich. Es erscheint mir dies – ungeachtet der Communis opinio – ebensowenig selbstverständlich wie die Antwort auf die Frage, ob wir auf dieser Ebene überhaupt eine Verbesserung des immer desolatere Formen annehmenden zivilisatorischen Status quo erreichen können. Und selbst dann, wenn es hinreichende Indizien dafür gäbe, daß dies im Prinzip möglich wäre, bleibt die Frage, ob wir von unserer mentalen Grundausstattung her in der Lage sind, das vom Humanismus-Diskurs aller Zeiten geforderte rechte Maß im Umgang mit der – sich auch in uns und unseren Nächsten manifestierenden – Natur zu finden.
Spätestens an dieser Stelle droht im Bewußtsein des Autors der Philosoph den Juristen und Politikwissenschaftler zu überholen. Hat nicht Klaus Poenicke zu Recht die Frage gestellt »Zurück zu (welche)r Natur?«[199]. Und hat nicht Hans-Martin Schönherr ebenfalls zu Recht von der »Schwierigkeit, Natur zu verstehen«[200] gesprochen und seine erkenntniskritischen Studien in eine »Negative Ökologie« ausklingen lassen? Läßt sich die – vom Autor dieser Überlegungen an anderer Stelle gestellte – Frage »Wen binden, wem antworten die Wissenschaften?«[201] anders als durch die Verweisung auf einen kognitiv-ethischen und damit letztlich auch rechtlich-politischen Existentialismus beantworten?
»Der Edle weilt in seinem Zimmer. Äußert er seine Worte gut, so findet er Zustimmung aus einer Entfernung von über tausend Meilen«, so kommentiert Kungtse eine Variation (neun auf zweitem Platz) des 61. Wandlungsbildes – Dschung Fu: Innere Wahrheit – des I GING[202]. Und spätestens die Quantenphysik hat ein für das Abendland bis auf einen winzigen Spalt geschlossenes Erkenntnistor wieder aufgestoßen[203]. Möglicherweise ist die »Altlast Recht« als formale Größe eine Quantité negligeable. Vielleicht ist oder wäre mit psychischer Energie sehr viel mehr auszurichten als mit rechtlich-politischem Flick- und Stückwerk. Zwischen Kungtses Bemerkung und Rupert Sheldrakes Theorie der »morphogenetischen Felder«[204] liegen weite, wenn auch nicht unbedingt »am

lauten Markt zur Schau« gestellte (Hermann Hesse) menschliche Wahrnehmungsräume. Vielleicht *soll* die Altlast Recht auch gar nicht saniert werden: Vielleicht ist uns eine ganz andere Evolutions-Dialektik auferlegt.

Trotz all dieser Ungewißheiten unverkennbar ist freilich, daß derselbe Umstand, der »das Ende aller Sicherheit« markiert – die faktische Ungleichheit der Menschen nämlich, ihre unterschiedlich entwickelte Fähigkeit, zu denken, Informationen zu erhalten, zu bewahren und verantwortlich umzusetzen –, es auch eher unwahrscheinlich macht, ohne rechtlich-politische Tritt- und Schrittsteine auszukommen. Die (psychisch ansetzende) Energie der auf der Himmelsleiter der Gemeinwohlorientierung höher Aufgestiegenen mag auf anderen Frequenzen wirken als die (rechtlich-politisch ansetzende) Energie der Ärmelaufkrempler – und doch sind sie (zumindest noch) aufeinander bezogen. Die Erinnerung an die mit der civitas terrena aufs engste durchsetzte civitas dei von Augustinus liegt nahe[205]. Und auch die in vorchristliche Bewußtseinsräume zurückreichende Erinnerung an die »allumhegende« Rune HAGAL, die ihre Arme in den Himmel reckt (MAN) und ihre Wurzeln in die Erde steckt (YR) wirkt sehr gegenwärtig[206]. Und so mag es denn – trotz aller Bedenklichkeiten – dennoch sinnvoll sein, an der Sanierung der Altlast Recht nach Kräften mitzuwirken, wenn auch letztlich nur der sich unseren Sinnen unmittelbar manifestierende indirekte Wurzelsektor der Um- und Mitwelt-»Szene« davon berührt werden mag. Sinnvoll zumindest für den, der sich hier und jetzt von diesem Sektor angerufen fühlt. Das Wandlungsbild nämlich, das Kungtse mit den oben zitierten Worten kommentiert hat, lautet:

»Ein rufender Kranich im Schatten
Sein Junges antwortet ihm.
Ich habe einen guten Becher. Ich will ihn mit Dir teilen.«[207]

Abkürzungsverzeichnis

BayVbl	Bayerische Verwaltungsblätter
BGH	Bundesgerichtshof
BKA	Bundeskriminalamt
BVerfGE	Bundesverfassungsgerichtsentscheidung(en)
BVerwG	Bundesverwaltungsgericht
DÖV	Die öffentliche Verwaltung
DuR	Demokratie und Recht
DVBl	Deutsches Verwaltungsblatt
GVBl	Gesetzes- und Verordnungsblatt
JUS	Juristische Schulung
JZ	Juristenzeitung
KJ	Kritische Justiz
LG	Landgericht
MS	Manuskript
NHG	Natur- und Heimatschutzgesetz
NJW	Neue Juristische Wochenschrift
NUR	Natur und Recht
NVwZ	Neue Zeitschrift für Verwaltungsrecht
OVG	Oberverwaltungsgericht
PVG	Polizeiverwaltungsgesetz
SZ	Süddeutsche Zeitung
UBA	Umweltbundesamt
Verw.Arch.	Verwaltungsarchiv
VVDStRL	Veröffentlichungen der Vereinigung der Deutschen Staatsrechtslehrer
ZRP	Zeitschrift für Rechtspolitik
ZStW	Zeitschrift für Strafrechtswissenschaft

AbwAG	Abwasserabgabengesetz
AtomG	Atomgesetz
BauGB	Baugesetzbuch
BauNVO	Baunutzungsverordnung
BGB	Bürgerliches Gesetzbuch
BImSchG	Bundesimmissionsschutzgesetz
BNatSchG	Bundesnaturschutzgesetz
GG	Grundgesetz
StGB	Strafgesetzbuch
VWGO	Verwaltungsgerichtsordnung

Anmerkungen

1 Auf Bundesebene das ›Ministerium für Umwelt, Naturschutz und Reaktorsicherheit‹ sowie das ›Umweltbundesamt‹; auf Landesebene neben den Landesämtern für Umweltschutz u. a. das Baden-Württembergische ›Umweltministerium‹, das Bayerische ›Staatsministerium für Landesentwicklung und Umweltfragen‹, das Hessische ›Ministerium für Umwelt und Reaktorsicherheit‹, das Niedersächsische ›Umweltministerium‹ und das Nordrhein-Westfälische ›Ministerium für Umwelt, Raumordnung und Landwirtschaft‹. Zum Umweltschutz als gemeindliche Aufgabe vgl. etwa Hermann Mill, Optimierung der Organisation kommunaler Verwaltung im Hinblick auf die Sachaufgabe Umweltschutz, in: *Die Verwaltung* 1988, S. 175ff.

2 So ist etwa das Bundeslandwirtschaftsministerium zuständig für umweltrelevante Fragen der Land- und Forstwirtschaft sowie der Fischerei, das Bundesverkehrsministerium für Umweltbelastungen, die sich aus Verkehr und Straßenbau sowie dem Kfz-Wesen ergeben, außerdem für Luftfahrt, Seeverkehr, Binnenschiffahrt, Wasserstraßen und Wetterdienst. In Baden-Württemberg verblieb die Zuständigkeit für die Genehmigung neuer Kernkraftwerke auch nach Errichtung des Umweltministeriums beim Ministerium für Wirtschaft, Mittelstand und Technologie. In Niedersachsen sind Raumordnung und Landesplanung Aufgaben des Innenministeriums geblieben, in Nordrhein-Westfalen ist für Kernenergie, Strahlen- und Immissionsschutz (Teilbereich Bergbau) weiterhin das Ministerium für Wirtschaft, Mittelstand und Technologie zuständig.

3 In: Hubert Markl, Natur und Geschichte, München und Wien 1983, S. 387.

4 In: *SZ* vom 6. 6. 1988.

5 Die in letzter Zeit immer lauter werdende Forderung nach einer Neuregelung des Umweltstrafrechts hat nicht zuletzt hierin ihre Wurzeln. Vgl. etwa G. Heine/V. Meinberg, Empfehlen sich Änderungen im strafrechtlichen Umweltschutz, insbesondere in Verbindung mit dem Verwaltungsrecht? Gutachten D zum 57. Deutschen Juristentag in Mainz, München 1988.

6 Vgl. hierzu das Urteil des LG Hanau vom 12. 11. 1987 (*NJW* 1988, S. 571), wo sogar »Vorabzustimmungen« strafrechtlich zu beurteilen waren.

7 Anders im Bereich des Sozialrechtes, das – zwischen 1976 und 1981 – in Form eines Sozialgesetzbuches wenigstens teilweise kodifiziert wurde. – Zur möglichen Konzeption eines Umweltgesetzbuches vgl. Michael Kloepfer, Systematisierung des Umweltrechtes, in UBA-Berichte 8/78 (1978, S. 131 ff.) sowie Rüdiger Breuer, Umweltschutzrecht, in: Ingo von Münch, Besonderes Verwaltungsrecht, 7. Aufl. Bern/Zürich 1985, S. 554ff.

8 Der – hier exemplarisch genannte – Art. 6 Abs. 2 des Bayerischen Natur-

schutzgesetzes lautet: »Die im Sinne dieses Gesetzes und des Bundesnaturschutzgesetzes ordnungsgemäße land-, forst- und fischereiwirtschaftliche Bodennutzung ist nicht als Eingriff in Natur und Landschaft anzusehen. Eine landwirtschaftliche Bodennutzung ist ordnungsgemäß, wenn im Rahmen des wissenschaftlich-technischen Fortschritts und der gesetzlichen Bestimmungen die Bodenfruchtbarkeit nachhaltig gesichert und die Erzeugung hochwertiger Nahrungsmittel gewährleistet ist. Als ordnungsgemäße landwirtschaftliche Bodennutzung gilt grundsätzlich die bisher übliche Nutzung durch bäuerliche Landwirtschaft. Als ordnungsgemäß gilt die nach dem Waldgesetz für Bayern zulässige und vorgeschriebene Waldbewirtschaftung.«

9 Zum Präventionsprinzip vgl. Udo Ernst Simonis (Hrsg.), Präventive Umweltpolitik, Frankfurt/New York 1988, S. 13ff., 79ff.

10 Vgl. dazu P.C. Mayer-Tasch, Präventive internationale Umweltpolitik, in: Simonis, a.a.O., S. 259ff.

11 Vgl. Bundesregierung (Hrsg.), Umweltbericht 1976, S. 19ff.

12 Vgl. Bundesminister für Umwelt, Naturschutz und Reaktorsicherheit (Hrsg.), Leitlinien der Bundesregierung zur Umweltvorsorge durch Vermeidung und stufenweise Verminderung von Schadstoffen (Leitlinien Umweltvorsorge), Bonn, Sept. 1986 (Az: VI1-501601-1/-16).

13 Zur Kritik des Kooperationsprinzips vgl. Gertrude Lübbe-Wolff, Das Kooperationsprinzip im Umweltrecht – Rechtsgrundsatz oder Deckmantel des Vollzugsdefizits? In: *NUR* 1989, S. 295ff. Vgl. in diesem Zusammenhang auch Eberhard Bohne, Der informale Rechtsstaat, Berlin 1981.

14 Vgl. C.F. Doran/M. Hinz/P.C. Mayer-Tasch, Umweltschutz – Politik des peripheren Eingriffs, Darmstadt 1974, S. 13ff.

15 Vgl. dazu ausführlich Mayer-Tasch (Hrsg.), »Die Luft hat keine Grenzen. Internationale Umweltpolitik: Fakten und Trends«, Frankfurt 1986; Mayer-Tasch (i. Verb. mit Franz Kohout, Bernd M. Malunat und K. Peter Merk), Die verseuchte Landkarte, München 1987; Mayer-Tasch in: Simonis (1988), a.a.O.

16 »Die nötigen Anstalten zur Erhaltung der öffentlichen Ruhe, Sicherheit und Ordnung, und zur Abwendung der dem Publiko, oder einzelnen Mitgliedern desselben bevorstehenden Gefahr zu treffen, ist das Amt der Polizey« (§ 10 Teil II Titel 17).

17 Als Prototyp der polizeirechtlichen Generalklausel kann noch heute § 14 I des preuß. PVG von 1931 gelten, die mit den Generalklauseln in den geltenden Polizeigesetzen der Länder wörtlich bzw. sinngemäß übereinstimmt (wobei Bayern eine gewisse Ausnahme bildet auf Grund des Systems spezieller Befugnisnormen). § 14 I preuß. PVG lautete: »Die Polizeibehörden haben im Rahmen der geltenden Gesetze die nach pflichtgemäßem Ermessen notwendigen Maßnahmen zu treffen, um von der Allgemeinheit oder dem einzelnen Gefahren abzuwehren, durch die die öffentliche Sicherheit oder Ordnung bedroht wird.«

18 Vgl. dazu Mayer-Tasch, Umweltrecht im Wandel, Opladen 1978.

19 Zur Beweislastproblematik speziell im Umweltbereich vgl. die übersichtliche Zusammenfassung von Ferdinand Kopp, Beweislast, in: Otto Kimminich (Hrsg.) Handwörterbuch des Umweltrechts Bd. I, Berlin 1986, S. 258ff.

20 BGH, Urteil von 10. 12. 1987 – IIII ZR 220/86 (Stuttgart), abgedr. in *NJW* 1988, Heft 8, S. 478ff.

21 Michael Adams (Das »Verursacherprinzip« als Leerformel, in JZ 1989, S. 787ff.) spricht schlicht von »Begriffsmüll« (a.a.O., S. 798).

22 Vgl. dazu ausführlich Dieter Suhr, Immissionsschäden vor Gericht, Dokumente zum Augsburger Waldschadensprozeß, Kehl 1986; Ders., Grundrechte in sterbender Umwelt, in: Wolfgang Baumann (Hrsg.), Rechtsschutz für den Wald, Heidelberg 1986, S. 45ff.; ebenfalls in diesem Sinne Dietrich Murswiek, Die staatliche Verantwortung für die Risiken der Technik, Berlin 1985, S. 58ff.

23 Zum Verursacherprinzip vgl. Mayer-Tasch, Präventive internationale Umweltpolitik, in: Simonis, a.a.O., S. 261f.

24 Vgl. dazu Mayer-Tasch, Umweltrecht im Wandel, S. 13, 26ff., 32.

25 Vgl. dazu ausführlich Mayer-Tasch, Ökologie und Grundgesetz, Frankfurt 1980, S. 27ff.; Ders., Aus dem Wörterbuch der Politischen Ökologie, München 1985, S. 118ff.; Ders., Der Weg vom Rechtsstaat zum Atomstaat wird gepflastert, in: Alexander Roßnagel (Hrsg.), Recht und Technik im Spannungsfeld der Kernenergiekontroverse, Opladen/Wiesbaden 1984, S. 67ff.; Alexander Roßnagel, Energiepolitik und die Zukunft des Rechtsstaates, in: *Scheidewege*, Heft 2, 1982, S. 251ff.; Ders., Radioaktiver Zerfall der Grundrechte (mit Kommentaren von P.C. Mayer-Tasch und Peter Saladin), München 1984. Allgemein zum Grundrecht aus Art. 2 Abs. 2 GG Georg Hermes, Das Grundrecht auf Schutz von Leben und Gesundheit, Heidelberg 1987.

26 Vgl. dazu Otto Mayer, Deutsches Verwaltungsrecht, Erster Band, 3. Aufl., Leipzig 1924, Nachdruck Berlin 1969, S. 53, Anm. 27: »Da man gegen den Staat selbst nichts ausrichtet und der Fiskus nicht mehr tun kann als zahlen, so läuft alle Garantie der bürgerlichen Freiheit im Polizeistaate auf den Satz hinaus: dulde und liquidiere.« Die Grundnorm, die den Ausgleich auf den erlittenen Nachteil vorschrieb, stand schon im Preußischen Allgemeinen Landrecht von 1794. Ihr Inhalt gilt als Gewohnheitsrecht noch heute unter dem Titel »Aufopferungsanspruch« und setzt nicht einmal eine rechtswidrige Beeinträchtigung von Rechten des einzelnen voraus. Die beiden Paragraphen (§§ 74, 75 Einleitung zum ALR) lauten: »Einzelne Rechte und Vorteile der Mitglieder des Staates müssen den Rechten und Pflichten zur Beförderung des gemeinschaftlichen Wohls, wenn zwischen beiden ein wirklicher Widerspruch (Kollision) eintritt, nachstehen.« »Dagegen ist der Staat denjenigen, der seine besonderen Rechte und Vorteile dem Wohle des gemeinen Wesens aufzuopfern genötigt wird, zu entschädigen gehalten.«

27 Lutz Wicke, Die ökologischen Milliarden. Das kostet die zerstörte Umwelt – so können wir sie retten, München 1986; vgl. in diesem Zusammenhang auch Christian Leipert, Folgekosten und volkswirtschaftliche Gesamtrechnung. Zur Identifikation von steigenden kompensatorischen Ausgaben in der Sozialproduktrechnung, Projektbericht einer Forschungsarbeit am Wissenschaftszentrum Berlin für Sozialforschung (Internationales Institut für Umwelt und Gesellschaft – IIUG), IIUG rep. 85–22, 1987; vgl. auch die Zusammenfassung des Berichtes in Universitas, 1988, S. 1194ff.

28 Nunmehr ist von ca. 475 Mrd. DM die Rede. Vgl. Umwelt- und Prognose-Institut Heidelberg e.V. (UPI), Ökologische und soziale Kosten der Umweltbelastung in der Bundesrepublik Deutschland im Jahre 1989 (*UPI-Bericht* Nr. 20), Heidelberg 1991, S., 78 und passim.

29 Vgl. dazu und zum folgenden Mayer-Tasch, Umweltrecht im Wandel, a.a.O., S. 64ff.; ebenfalls zur Kritik an der Schutznormtheorie Dieter Suhr, Grundrechte in sterbender Umwelt, a.a.O., S. 45ff.; Ders., Immissionsschäden vor Gericht, a.a.O., S. 110ff.; Ders., Gleiche Freiheit, Augsburg 1988, S. 53ff.; Christoph Sening, Abschied von der Schutznormtheorie im Naturschutzrecht, in: *Natur und Recht*, 1980, S. 102ff.; grundsätzlich zur Problematik der Schutznormtheorie Wilhelm Henke, Das subjektive öffentliche Recht, Tübingen 1968, S. 57ff. und 130ff.; zur historischen Entwicklung vgl. das grundlegende Werk von Georg Jellinek, Das System der subjektiven öffentlichen Rechte, 2. Aufl. Tübingen 1905, Nachdr. Darmstadt 1963, bes. S. 1ff., 67ff.; sowie Ottmar Bühler, Die subjektiven öffentlichen Rechte und ihr Schutz in der deutschen Verwaltungsrechtsprechung, Berlin 1914, S. 21, 42ff., der den Grundstein zur Schutznormtheorie in ihrer heutigen Form legte.

30 Dazu Rüdiger Breuer, Die Entwicklung des Immissionsschutzrechtes 1974–1976, in: *NJW* 1977, S. 1025 (1028ff.), sowie Ders., Die Entwicklung des Atomrechts 1974–1976, in: *NJW* 1977, S. 1121 (1127f.); zur Entwicklung in der Rechtsprechung vgl. etwa zum Baurecht BVerwG, Urt. v. 25. 2. 1977, *DVBl* 1977, 722; BVerwG, Urt. v. 18. 3. 1983, BVerwGE 67, 74ff.; zum Wasserrecht BVerwG, Urt. v. 15. 7. 1987, *DVBl* 1987, 1265ff.; zum Atomrecht (hier Klagebefugnis eines EG-Ausländers vor deutschem Verwaltungsgericht) BVerwG, Urt. v. 17. 12. 1986, *DVBl* 1987, 375ff.; zum Abfallrecht OVG Lüneburg, Beschluß v. 12. 6. 1987, *DVBl* 1987, 1019ff. (Drittanfechtung und Genehmigungen für die Verbringung von Abfällen zur Deponie Schönberg/DDR durch die Hansestadt Lübeck).

31 Vgl. dazu Mayer-Tasch, Umweltrecht im Wandel, a.a.O., S. 16ff.

32 Zur Verbandsklage vgl. Mayer-Tasch, Umweltrecht im Wandel, a.a.O., S. 73ff.; Ders., Umweltrecht und Umweltpolitik, a.a.O., S. 41ff. Die Verbandsklage ist allerdings in den Naturschutzgesetzen einzelner Bundesländer eingeführt worden (Berlin, Bremen, Hamburg und Hessen), basierend auf § 29 BNatSchG, der den Ländern eine »weitergehende Form der Mitwirkung« der Verbände vorzusehen ermöglicht, jedoch mit einigen Einschränkungen. Vgl. hierzu auch das Urteil des BVerwG vom 18. 12. 1987, das dem Landesgesetzgeber auch im Hinblick auf § 42 II VwGO die Einführung der Verbandsklage ausdrücklich zugesteht. In Berlin besteht derzeit allerdings die Verbandsklagemöglichkeit nicht, da die Regelung wegen Fehlen des Bestimmtheitsgebots vom OVG Berlin (*NVwZ* 1986, 318) als nichtig erklärt worden ist. Die Verbandsklage ist im ausländischen Recht – in unterschiedlichen Formen – vor allem in den Vereinigten Staaten (vgl. etwa Sec. 2 (1) des Environmental Protection Act von Michigan aus dem Jahre 1970), Frankreich (z. B. Art. 55 des Naturschutzgesetzes), den Niederlanden, Dänemark und der Schweiz (§ 12 NHG; vgl. dazu auch Enrico Riva, Die Beschwerdebefugnis der Natur- und Heimatschutzvereinigungen im Schweizerischen Recht, Bern 1980) anerkannt. Auch auf dem Gebiet des Kommunal-

rechts (vgl. Richard Pfaff, Die Gemeinden als legitime und legale Repräsentanten von Bürgerinteressen, *Verw. Arch.* 1979, S. 1ff. und Christian Sailer, Zum Klagerecht der Gemeinden gegen Kernkraftwerke, *BayVBl* 1978, S. 33ff. und S. 139ff.) und des Sozialversicherungsrechts (vgl. Hans-Wolfgang Diemer, Für die Verbandsklage im Sozialversicherungsrecht, ZRP 1986, S. 90f.) ist die Einführung der Verbandsklage in der Diskussion.

33 In ihrem futuristischen Roman 427. Im Land der grünen Inseln, München 1986, stellen Claus-Peter Lieckfeld und Frank Wittchow einen Politiker namens »Hermann Kalb« im Alter von 79 Jahren wegen seiner »Politik der Zukunftsvereitelung« vor eine Art von »Nürnberger« Umwelt-Tribunal in Karlsruhe, S. 54ff., 105ff.

34 Dies geht hervor aus einer vom Umweltbundesamt veranlaßten Untersuchung von Werner Rüther, Ursachen für den Anstieg polizeilich festgestellter Umweltschutzdelikte, Forschungsbericht 2/86 des Umweltbundesamtes.

35 Vollzugsprobleme der Umweltpolitik. Empirische Untersuchung der Implementation von Gesetzen im Bereich der Luftreinhaltung und des Gewässerschutzes im Auftrag des Rates von Sachverständigen für Umweltfragen, Stuttgart/Mainz/Köln 1978 (MS, S. 357ff.). In den in dieser Studie wiedergegebenen Interviewauszügen werden auch Problemlösungsimpulse gegeben. So erklärte ein Gewerbeaufsichtsbeamter: »Es wird ... dem Bildungsstand und dem Ausbildungsgrad des einzelnen Abteilungsleiters überlassen zu prüfen, was ›Stand der Technik‹ ist. Ich möchte wissen, wozu das Umweltbundesamt in Berlin existiert. Von dem haben wir nämlich in dieser Hinsicht noch nichts gehört. Wir sind dafür, daß man mit den Mitteln der modernen Computertechnik ein System schafft, bei dem man abfragen kann, was für welche Anlagen der neueste Stand der Technik ist« (a.a.O., S. 357). Und der Vertreter einer Landesanstalt erklärte: »Daneben sollte man ein Informationssystem aufbauen – wie etwa die Rundbriefe des Bundesinnenministeriums –, das über den neuesten Stand der Technik informiert« (a.a.O., S. 358).

36 Vgl. hierzu Lutz Wicke, Umweltpolitik und administrative Praxis, in: L. Wegehenkel (Hrsg.), Umweltprobleme als Herausforderung der Marktwirtschaft – Neue Ideen jenseits des Dirigismus, Stuttgart 1983, S. 158ff. Vgl. auch die kritische Perspektive von Gerhard I. Timm, Die wissenschaftliche Beratung der Umweltpolitik – Der Rat von Sachverständigen für Umweltfragen, Wiesbaden 1989.

37 Vgl. Wittkämper/Wulff-Nienhüser, Umweltkriminalität – heute und morgen, BKA-Forschungsreihe, Bd. 20, Wiesbaden 1987.

38 Vgl. dazu Karlheinz Deschner, Kitsch, Kunst und Konvention, München 1957, S. 22ff.

39 Mit dem Problem der »Vorabzustimmungen«, die das Hessische Ministerium für Wirtschaft und Technik als atomrechtliche Aufsichtsbehörde erteilte, hatte sich das Landgericht Hanau im sog. »Alkem-Prozeß« zu befassen (Urt. vom 12.11.1987, abgedr. in *NJW* 1988, S. 571), vgl. dazu auch die kritischen Stellungnahmen von Jacob Martin, Der atomindustrielle Komplex und das Recht, *KJ* 1987, S. 434ff., 442ff. und Ders., Umweltbehörden und Strafrecht, *KJ* 1988, S. 159ff.

40 *ÖKO-Test*, August 1988, S. 12.

41 Für die Einführung eines Tatbestands der »Umweltuntreue« plädiert daher Burkhard Immel, Strafrechtliche Verantwortung von Amtsträgern im Umweltstrafrecht: Umweltuntreue, Frankfurt a. M. 1987. Zu weiteren Verbesserungsvorschlägen vgl. auch Heine-Meinberg, Gutachten D zum 57. Deutschen Juristentag, Mainz 1988, S. M 71f., 81ff., 147, 156ff.

42 Umweltkriminalität – heute und morgen (vgl. oben, Anm. 37).

43 Vgl. Meinberg, Empirische Erkenntnisse zum Vollzug des Umweltstrafrechts, in: *ZStW* 1, 1988, S. 112ff., sowie: Heine-Meinberg, Gutachten D für den 57. Deutschen Juristentag 1988, S. 75f. Vgl. auch Meinberg, Praxis und Perspektiven des Umwelt-Ordnungswidrigkeiten-Rechts, in: *NJW* 1990, S. 1273ff.

44 Vgl. dazu Werner Rüther, Rechtstatsachen zur Umweltkriminalität, in: Otto Kimminich u. a. (Hrsg.), Handwörterbuch des Umweltrechts, Bd. II, a.a.O., S. 610ff.

45 Vgl. hierzu wieder Rüther, Was schützt oder wem nützt das Umweltstrafrecht? In: *DuR* 1989, S. 25.

46 Vgl. a.a.O.

47 So etwa Martin Kriele, Einführung in die Staatslehre, Reinbek bei Hamburg 1975, S. 184, der auf das Pathos der Sachlichkeit und Unparteilichkeit setzt. – Vgl. in diesem Zusammenhang auch Hubert Rottleuthner, Richterliches Handeln, Frankfurt/M. 1973, S. 95f., 125f., 137ff., sowie Dieter Suhr, Richterliches Selbstverständnis im Hinblick auf Fragen der Rechtserneuerung, in: Harenberg/Podleck/Schlink, Rechtlicher Wandel durch richterliche Entscheidung, Darmstadt 1980, S. 255ff.

48 Vgl. dazu Viggo Eiberle-Herm, Tendenzen im verwaltungsgerichtlichen Umweltschutz – Rechtsschutzdefizite durch Kontrollverzicht, in: *DuR* 1987, S. 264ff. sowie Gerd Winter, Die Angst des Richters bei der Technikbewertung, in: *ZRP* 1987, S. 425ff. Grundsätzlich zum gerichtlichen Kontrollumfang: Martin Beckmann, Verwaltungsgerichtlicher Rechtsschutz im raumbedeutsamen Umweltrecht, Münster 1987.

49 Der Hüter der Verfassung, Berlin 1969 (Neudruck), S. 47.

50 Schon seit dem 14. Jahrhundert waren sowohl Kaiser als auch Landesherren daran interessiert, die Bindungen des Ständestaates zu lockern und damit ihre eigene Stellung zu stärken. Das römische Recht in der Prägung von Justinian (482–565), das ›corpus iuris civilis‹ entsprach diesen Zielen weit mehr als das zersplitterte, vorwiegend bäuerliche deutsche Recht. Das römische Recht galt als »Kaiserrecht« und war Synonym für die Einheit des Reiches. Gelehrte Juristen – erst das römische Recht als sog. Juristenrecht erforderte diesen Berufsstand – entwickelten theoretische Begründungen und die notwendigen Rechtsgrundlagen der sich entwickelnden Territorialherrschaft absolutistischer Prägung. Obwohl nicht nur die deutschen, sondern insgesamt alle europäischen Fürsten durch die Rezeption des römischen Rechtes Unterstützung ihrer sich entwickelnden absolutistischen Tendenzen erhofften, wurde das nationale Recht doch nirgends so gründlich verdrängt wie in Deutschland. Und das nicht, weil das deutsche Recht schlechter gewesen wäre als das römische, sondern weil die Mächte, die es ablehnten, so stark waren. Für Kaiser und Lehensherren, aber auch für die Kaufmannschaft und die humanistische Bildungsschicht in den Städten war allein das römische Recht das Recht eines

einheitlichen, abendländischen Imperiums. Die kleinen Leute, Bauern und einfache Bürger konnten sich dagegen – obwohl in der Überzahl – mit »ihrem« Recht nicht durchsetzen. Die soziale Revolution der Zeit kämpfte daher auch vergeblich gegen das römische Recht. Der rechts- und politiktheoretische Auf- und Ausbau der Territorialstaaten steht in enger Verbindung mit der Ausbildung der Juristen an den Universitäten. Seit dem Ende des 14. Jahrhunderts entstanden auch in Deutschland nach dem Vorbild der oberitalienischen Rechtsschulen neue Universitäten mit juristischer Fakultät. Sie wurden – nicht zuletzt finanziell – gefördert, aber auch zunehmend überwacht von den Landesherren, die sich der Professoren zu bedienen versuchten. Auf diesem Nährboden entstehen gegen Ende des 16. Jahrhunderts rechtliche und politische Lehren, die den monarchistisch geleiteten fürstlichen Staat in den Vordergrund stellen – eine Tendenz, bei der es lange bleiben sollte. Vgl. in diesem Zusammenhang Mayer-Tasch, Einführung in Jean Bodins Leben und Werk, in: Jean Bodin, Sechs Bücher über den Staat, Buch 1–3, übersetzt und mit Anmerkungen versehen von Bernd Wimmer, eingeleitet und hrsg. von Mayer-Tasch, München 1981, S. 11ff. passim; vgl. insbesondere auch Paul Koschaker, Europa und das Römische Recht, 3. Aufl. München 1958, S. 163ff. und passim; Norbert Horn, Soziale Stellung und Funktion der Berufsjuristen in der Frühzeit der europäischen Rechtswissenschaft, in: Sozialwissenschaften im Studium des Rechts, Bd. IV, hrsg. von Gerhard Dilcher und Norbert Horn, München 1978, S. 129ff. sowie Notker Hammerstein, Universitäten – Territorialstaaten – Gelehrte Räte, in: Roman Schnur (Hrsg.), Die Rolle der Juristen bei der Entstehung des modernen Staates, Berlin 1986, S. 687ff.; vgl. auch Hans Liermann, Richter-Schreiber-Advokaten, München 1957 und Otto Stobbe, Geschichte der deutschen Rechtsquellen, Braunschweig 1864, Bd. II, S. 44ff.

51 Kritische Stimmen hierzu etwa Christoph Sening, a.a.O. (Fn. 29) , S. 80ff.; Theo Rasehorn, Zur Lage der rechtsprechenden Gewalt, in Klönne u. a., Lebendige Verfassung – das Grundgesetz in Perspektive, Darmstadt 1981, S. 138; Wolfgang Eith, Zehn Jahre Einstufige Juristenausbildung – vorläufige Kurzbilanz und Ausblick, *ZRP* 1982, S. 49; zur geplanten Reform der Juristenausbildung Dieter Haak, Die von der Bundesregierung geplante Neuordnung der Juristenausbildung – ein Jahrhundertwerk?, *ZRP* 1984, S. 113ff.; Hugo Seiter und Rolf Stürner, Zum Stand der Diskussion um die Reform der Juristenausbildung, *JUS* 1982, S. 313f. m.w.V.; zur Situation im Nachbarland Frankreich, wo im Grundstudium neben den juristischen Kernfächern Einführungen in die Nachbarwissenschaften, z. B. Politikwissenschaft, Sozial- und Wirtschaftslehre, stattfinden vgl. Hans Jürgen Sonnenberger, Die französische Juristenausbildung, *JUS* 1987, S. 10ff.; vgl. zur Problematik insgesamt schon Mayer-Tasch und Manfred O. Hinz, Studienreform als Examensreform, *JZ* 1968, S. 126.

52 So Rainer Wolf, Das Recht im Schatten der Technik, in *KJ* 1986, S. 247.

53 Im Jahre 1987 dauerte das juristische Studium im Bundesdurchschnitt 10,85 Semester. Vgl. H. Steiger, Deutsche Juristenausbildung und das Jahr 1992, in :*ZRP* 1989, S. 284.

54 Vgl. Ernst Fraenkel, Zur Sozologie der Klassenjustiz, Darmstadt 1968, Nachdruck passim.

55 Vgl. hierzu Theo Rasehorn, Recht und Klassen, Darmstadt/Neuwied 1974, S. 101 ff.
56 Vgl. hierzu ausführlich Hans Hattenhauer, Juristenausbildung – Geschichte und Probleme, in: *JUS* 1989, S. 513 ff.
57 Hierzu auch kritisch Karl-Heinz Koch, Überlegungen zur Reform der Juristenausbildung, in: *ZRP* 1990, S. 41 ff.
58 Vgl. das Gesetz vom 25. 6. 1984 (BGBl I, S. 995).
59 »O wonnevolle Jugendzeit«, abgedruckt in: Sing-Sang. Eine Auswahl deutscher Studentenlieder, zusammengestellt von Martin Luible, München 1928.
60 Die Hüter von Recht und Ordnung. Die soziale Herkunft, Erziehung und Ausbildung der deutschen Juristen – eine soziologische Analyse, Neuwied/Berlin 1969. Vgl. auch ders., Kritisches Nachwort zur 2. Auflage der »Hüter von Recht und Ordnung«, abgedruckt in: *KJ* 1973, S. 105 ff.
61 Andreas Heldrich, Gerhard Schmidtchen, Gerechtigkeit als Beruf, Repräsentativumfrage unter jungen Juristen, München 1982, S. 9 ff.
62 Ein bedeutsames Indiz hierfür liefert die Tatsache, daß die sozioökologisch motivierte Bürgerinitiativbewegung in erster Linie von Angehörigen der mittleren und oberen Mittelschicht getragen wurde und wohl auch in Zukunft getragen werden wird; ausführlich dazu Mayer-Tasch, Die Bürgerinitiativbewegung. Der aktive Bürger als rechts- und politikwissenschaftliches Problem, 5. Aufl., Reinbek 1985, S. 114 f.
63 Heldrich/Schmidtchen a.a.O. (Fn. 58), S. 70 ff., 97 f.
64 Vgl. auch die allgemeinen Überlegungen zur Sozialisationswirkung des juristischen Studiums von Wolfgang Schütte, Sozialisation im juristischen Studium – Vorarbeiten (Hochschuldidaktische Materialien Nr. 51, Hamburg 1975).
65 Vgl. Heldrich/Schmidtchen a.a.O., S. 12, 154 ff.
66 Vgl. dazu Mayer-Tasch, Aus dem Wörterbuch der politischen Ökologie, a.a.O., S. 73 ff.
67 Vgl. Paul Johann Anselm Feuerbach, Anti-Hobbes oder »Über die Grenzen der höchsten Gewalt und das Zwangsrecht der Bürger gegen den Oberherrn«, Erfurt 1798, S. 127.
68 Johann Peter Uz, Sämtliche poetische Werke, hrsg. von A. Sauer, 1890, S. 112. Den Hinweis auf Uz verdanke ich Hasso Hofmann.
69 Vgl. auch Mayer-Tasch, Vom »Kulturstaat« zum »Naturstaat«, in: Ders., Ein Netz für Ikarus, München 1987, S. 161 ff. (2. Aufl. 1990), sowie: Politische Theorie des Verfassungsstaats, München 1991, S. 139 ff.
70 Vgl. Michael Kloepfer (Hrsg.), Der Umweltstaat, Berlin u. a. 1989.
71 Vgl. neuerdings vor allem Klaus Michael Meyer-Abich, Naturstaat und Sozialstaat, in: Ders., Aufstand für die Natur. Von der Umwelt zur Mitwelt. München 1990, S. 118 ff.
72 Stefan George, Das Neue Reich, Düsseldorf und München o. J., S. 92.
73 Vgl. Art. 86 der Landesverfassung Baden-Württemberg (*GVBl.* 1976, S. 98); Art. 141 der Bayerischen Verfassung (*GVBl.* 1984, S. 223); Art. 30 und 59 a der Landesverfassung des Saarlandes (*Abl.* 1985, S. 105); Art. 7 und 29 a der Nordrhein-westfälischen Landesverfassung (*GVBl.* 1985, S. 255); Art. 73 a der Landesverfassung Rheinland-Pfalz (*GVBl.* 1985, S. 260); Art. 26 a der Hessischen Landesverfassung (*GVBl.* 1991, S. 102).

74 So und ähnlich argumentieren etwa Dietrich Rauschning (Aufnahme einer Staatszielbestimmung über Umweltschutz in das Grundgesetz? In: *DÖV* 1986, S. 489ff.) und Lutz H. Michel (Umweltschutz als Staatsziel? In: Natur und Recht 1988, S. 272ff.), aber auch schon Hans H. Rupp (Ergänzung des Grundgesetzes um eine Vorschrift über den Umweltschutz? In: *DVBl* 1985, S. 990ff.).

75 Vgl. Art. 56 GG sowie Art. 64 Abs. 2 GG.

76 Vgl. das Gedicht »Melancholie«, abgedruckt in: Gottfried Benn, Gesammelte Werke in acht Bänden, hrsg. von Dieter Wellershoff, München 1975, Bd. 1, S. 302.

77 Vgl. hierzu Mayer-Tasch, Die Bürgerinitiativbewegung, a.a.O.

78 Vgl. Heiner Geißler (Hrsg.), Optionen auf eine lebenswerte Zukunft. Analysen und Beiträge zu Wachstum und Umwelt, München/Wien 1979, S. 13.

79 Zur Umweltpolitik der sozial-liberalen Koalition vgl. Mayer-Tasch, Die sozial-liberale Koalition. Innenpolitische Entwicklungen, in: Franz Schneider (Hrsg.), Der Weg der Bundesrepublik von 1945 bis zur Gegenwart, München 1985, S. 149ff.

80 Vgl. hierzu die unter meiner Anleitung entstandene Diplomarbeit von Günther Bautz über den »Einfluß der Verbände auf die Gesetzgebung am Beispiel des Abwasserabgabengesetzes«, München 1977.

81 Vgl. Eberhard Willke, Staatsverschuldung und künftige Entscheidungsspielräume, in: J. Hesse/Ch. Zöpel (Hrsg.), Der Staat der Zukunft, Baden-Baden 1990, S. 45.

82 Vgl. Mayer-Tasch, Umweltrecht und Umweltpolitik, in: Doran/Hinz/Mayer-Tasch, Umweltschutz – Politik des peripheren Eingriffs, a.a.O., S. 13ff. (19f.) sowie Ders., Ökologie und Grundgesetz, a.a.O., S. 15f.

83 Vgl. oben, S. 16.

84 Vgl. oben, S. 16.

85 Vgl. Art. 141 Abs. 1 Bayerische Verfassung; Art. 59a Saarländische Landesverfassung.

86 Vgl. in diesem Zusammenhang auch den Bericht der (vom Bundesminister des Inneren und vom Bundesminister der Justiz eingesetzten) Sachverständigenkommission »Staatszielbestimmungen. Gesetzgebungsaufträge«, Bonn 1983, S. 130ff. (160ff.).

87 Carl Schmitt, Der Hüter der Verfassung, a.a.O., S. 47.

88 Klaus Michael Meyer-Abich, Aufstand für die Natur, a.a.O.; P.C. Mayer-Tasch u. a., Politische Theorie des Verfassungsstaates, a.a.O., S. 139ff.

89 Rainer Maria Rilke, Das Stunden-Buch (Erstes Buch vom mönchischen Leben, 1899). In: Werke, Bd. I, 2. Aufl. Frankfurt 1980, S. 9.

90 Vgl. Art. 141 Bayerische Verfassung: Schutz der natürlichen Lebensgrundlagen und der kulturellen Überlieferung; Recht auf Naturgenuß. (1) 1. Der Schutz der natürlichen Lebensgrundlagen ist, auch eingedenk der Verantwortung für die kommenden Generationen, der besonderen Fürsorge jedes einzelnen und der staatlichen Gemeinschaft anvertraut. 2. Mit Naturgütern ist schonend und sparsam umzugehen. 3. Es gehört auch zu den vorrangigen Aufgaben von Staat, Gemeinden und Körperschaften des öffentlichen

Rechts – Boden, Wasser und Luft als natürliche Lebensgrundlagen zu schützen, eingetretene Schäden möglichst zu beheben oder auszugleichen und auf möglichst sparsamen Umgang mit Energie zu achten, – die Leistungsfähigkeit des Naturhaushaltes zu erhalten und dauerhaft zu verbessern, – den Wald wegen seiner besonderen Bedeutung für den Naturhaushalt zu schützen und eingetretene Schäden möglichst zu beheben oder auszugleichen, – die heimischen Tier- und Pflanzenarten und ihre notwendigen Lebensräume sowie kennzeichnende Orts- und Landschaftsbilder zu schonen und zu erhalten. (2) Staat, Gemeinden und Körperschaften des öffentlichen Rechts haben die Aufgabe, – die Denkmäler der Kunst, der Geschichte und der Natur sowie die Landschaft zu schützen und zu pflegen, – herabgewürdigte Denkmäler der Kunst und der Geschichte möglichst ihrer früheren Bestimmung wieder zuzuführen, – die Abwanderung deutschen Kunstbesitzes ins Ausland zu verhüten. (3) 1. Der Genuß der Naturschönheiten und die Erholung in der freien Natur, insbesondere das Betreten von Wald und Bergweide, das Befahren der Gewässer und die Aneignung wildwachsender Waldfrüchte in ortsüblichem Umfang ist jedermann gestattet. 2. Dabei ist jedermann verpflichtet, mit Natur und Landschaft pfleglich umzugehen. 3. Staat und Gemeinde sind berechtigt und verpflichtet, der Allgemeinheit die Zugänge zu Bergen, Seen, Flüssen und sonstigen landschaftlichen Schönheiten freizuhalten und allenfalls durch Einschränkungen des Eigentumsrechtes freizumachen sowie Wanderwege und Erholungsparks anzulegen.

91 Zum Rechtsstaatskonzept vgl. ausführlich: Politische Theorie des Verfassungsstaates, a.a.O., S. 37ff.

92 Zum Sozialstaatskonzept vgl. a.a.O., S. 125ff.

93 Vgl. Konrad Hesse, Grundzüge des Verfassungsrechts der Bundesrepublik Deutschland, 17. Aufl., Karlsruhe 1990, Rd.Nr. 310 und insb. Maunz/Dürig/Herzog, Grundgesetz Kommentar, Bd. I, Rd.Nr. 69–86 zu Art. 2 Abs. 1 GG, München 1987.

94 Vgl. BVerfGE 7, 198ff.

95 Vgl. schon oben, S. 13.

96 Hierzu noch immer grundlegend: Max Weber, Die protestantische Ethik, (hrsg. v. Johannes Winckelmann) 5. Aufl., Gütersloh 1979.

97 Vgl. dazu Walter Molt, Verkehr im Spannungsfeld von Mobilität und Seßhaftigkeit, in: Mayer-Tasch/Molt/Tiefenthaler (Hrsg.), Transit, a.a.O., S. 29ff.

98 Vgl. Christopher D. Stone, Umwelt vor Gericht. Die Eigenrechte der Natur, München 1987, S. 107ff.

99 Vgl. dazu ausführlich die in Anm. 97 genannte Studie.

100 Vgl. dazu schon Mayer-Tasch, Agrarfabrik oder bäuerliche Landwirtschaft, in: Ders., Die Welt als Baustelle. Fragen an die Politische Ökologie, Zürich 1982, S. 74ff. Vgl. neuerdings auch Manfred E. Streit/Rudolf Wildemann, Landwirtschaft und Umwelt: Wege aus der Krise, Baden-Baden 1989.

101 Die heutige Gebühr pro Abwassereinheit beträgt DM 40,–. Schon im ersten Entwurf des (am 1. 1. 1978 in Kraft getretenen) Abwasserabgabengesetzes aus dem Jahre 1973 war jedoch eine Abwassergebühr von DM 80,– pro Einheit vorgesehen. Daß unter solchen Umständen der umweltpolitische Zweck des Gesetzes – die größeren und großen Verschmutzer zum Bau eigener

Klärwerke bzw. zur Umstellung ihrer Produktion anzuregen – nur in sehr unzureichendem Maße gelingen konnte, braucht niemanden zu verwundern.
Zur Geschichte der Ausweidung des Erstentwurfs durch die Verschmutzer-Lobby vgl. die unter meiner Anleitung entstandene Diplomarbeit von Günther Bautz, Der Einfluß der Verbände auf die Gesetzgebung am Beispiel des Abwasserabgabengesetzes, a.a.O. Zur gegenwärtigen Diskussion um die Abwasserabgabe vgl. Martin Meyer-Renschhausen, Die ökonomische Effizienz und politische Akzeptanz der Abwasserabgabe, in: *Zeitschrift für Umweltpolitik und Umweltrecht* 1/90, S. 43–66.

102 Zum Begriff der »Qualità dei tempi« vgl. Niccolo Machiavelli, Der Fürst, Kap. 25, S. 102ff.

103 Vgl. dazu Mayer-Tasch, Fortschritt in Kritik und Vertrauen, in: Denninger/Hinz/Mayer-Tasch/Roellecke (Hrsg.), Kritik und Vertrauen. Peter Schneider zu ehren. Frankfurt a. M. 1990, S. 246ff.

104 Vgl. oben, S. 16.

105 Vgl. hierzu schon ausführlich: Mayer-Tasch, Umweltrecht im Wandel, Opladen 1978, S. 82ff. (S. 84ff.).

106 Vgl. dazu Matthias Krusche, Umweltrecht. Neues Denken – neue Perspektiven, Stuttgart u. a. 1988, insb. S. 17ff.

107 Vgl. zu diesem Problemkreis einerseits Werner Thieme, Die Zulässigkeit von Umweltschutzklagen, in: *NJW* 1976, S. 705ff., und andererseits Wolfgang Baumann, Der Grundrechtsvorbehalt der »sozialadäquaten technisch-zivilisatorischen Risiken« und der »Exekutive Gestaltungsspielraum« im Atomrecht, in: *JZ* 1982, S. 749ff. sowie Klaus Michael Meyer-Abich, Wie sind Risiken in öffentlicher Verantwortung zu rechtfertigen? In: *ZRP* 1989, S. 387ff. Vgl. auch ganz allgemein Ulrich Beck, Risikogesellschaft. Auf dem Weg in eine andere Moderne, Frankfurt a. M. 1986.

108 Vgl. den *SZ*-Bericht über die Jahrestagung 1981 des Landesverbandes der Bayerischen Industrie vom 3. 7. 1981.

109 Vgl. Robert Jungk, Der Atomstaat, München 1977.

110 Die folgenden Ausführungen folgen streckenweise dem unter dem Stichwort »Rechtsstaat« in meiner Schrift »Aus dem Wörterbuch der Politischen Ökologie«, a.a.O., S. 115ff. (122ff.) Dargelegten.

111 Vgl. oben. S. 43.

112 Vgl. hierzu auch Alexander Roßnagel, Energiepolitik und die Zukunft des Rechtsstaates, a.a.O., S. 251ff. (S. 254ff.).

113 Vgl. dazu ausführlich: Mayer-Tasch, Umweltrecht im Wandel, a.a.O., S. 23ff.

114 Vgl. Hans-Jochen Vogel, Die Parlamente sollten entscheiden, in: SPD-Pressedienst, P/XXXII/63 vom 31. 3. 1977.

115 Art. 19, Abs. 4 garantiert nicht nur das formelle Recht und die theoretische Möglichkeit, die Gerichte anzurufen, sondern auch die Effektivität des Rechtsschutzes. Der Bürger hat einen substantiellen Anspruch auf eine möglichst wirksame gerichtliche Kontrolle in allen ihm von der Prozeßordnung zur Verfügung gestellten Instanzen (BVerfGE 40, S. 275). Vgl. auch BVerfGE 35, S. 274 sowie BVerfGE 22, S. 110).

116 Vgl. dazu BVerwGE 9, S. 268 ff. (S. 280).

117 Vgl. hierzu Ernst Forsthoff, Lehrbuch des Verwaltungsrechts, Allg. Teil, 10. Aufl., München 1973, S. 9 ff.

118 Als Formenmißbrauch und daher auch verfassungswidrig hält solche Pläne u. a. auch Willi Blümel, Die Standortvorsorgeplanung für Kernkraftwerke und andere umweltrelevante Großvorhaben in der Bundesrepublik Deutschland, in: *DVBl* (1977), S. 301 ff.

119 Vgl. K.H. Adzersen, Ozonverdünnung, Treibhauseffekt und Atomenergie, Heidesheim 1991.

120 Vgl. *BGBl.* 1985, I, S. 1274.

121 Vgl. schon Mayer-Tasch, Umweltrecht im Wandel, a.a.O., S. 141 ff. (mit weiteren Nachweisen).

122 Dieser Vorschlag wurde (wohl erstmals) auf einem – Ende 1982 in München abgehaltenen – rechtspolitischen Kongreß der CSU vorgetragen. Vgl. *SZ* vom 26. 4. 1982.

123 BVerfGE 49/89 (143).

124 Vgl. dazu und zum folgenden schon ausführlich: Mayer-Tasch, Der Weg vom Rechtsstaat zum Atomstaat wird gepflastert, a.a.O., S. 67 ff. Vgl. auch Roßnagel, Bedroht die Kernenergie unserer Freiheit? Das künftige Sicherungssystem kerntechnischer Anlagen, München 1983.

125 So R. Ayres, zitiert nach D.D. Comey (1976), S. 123 ff. (S. 133).

126 Vgl. Alexander Roßnagel, Radioaktiver Zerfall der Grundrechte? a.a.O.

127 Vgl. hierzu und zum folgenden auch Mayer-Tasch, Die neusprachliche Verteidigung des Rechtsstaates, in: Roßnagel, Radioaktiver Zerfall der Grundrechte? A.a.O., S. 241 ff.

127a Leviathan oder Wesen, Form und Gewalt des kirchlichen und bürgerlichen Staates. In der Übersetzung von D. Tidow, mit einem Essay »Zum Verständnis des Werkes«, einem biographischen Grundriß und einer Bibliographie hrsg. von P.C. Mayer-Tasch, 2. Aufl., Reinbek 1969 (Teil I, Kap. 4).

128 Vgl. Konrad Hesse, Grundlinien des Verfassungsrechts der Bundesrepublik Deutschland, 17. Aufl., Karlsruhe 1990, Rd. Nr. 317, 318.

129 Aufstand für die Natur. Von der Umwelt zur Mitwelt. München/Wien 1990, S. 125 ff. (126).

130 Die »Folgen« unseres Handels resumiert neuerdings Carl Böhret in seinem gleichnamigen Buch: Folgen. Entwurf für eine aktive Politik gegen schleichende Katastrophen, Opladen 1990.

131 Der Staat der Industriegesellschaft, 2. Aufl., München 1971, S. 78 ff.

132 Maunz/Dürig/Herzog, Grundgesetz Kommentar, Bd. 2, Art. 20, VIII, Rdnr. 23, München 1987.

133 Vgl. oben, Anm. 123.

134 Vgl. *NJW* 1988, S. 478 ff.

135 Vgl. u. a. Hasso Hofmann, Langzeitrisiko und Verfassung, in: Scheidewege 1980, S. 448 ff., Peter Häberle, Zeit und Verfassungskultur, in: Herta Däubler-Gmelin/Wolfgang Adlerstein (Hrsg.), Menschengerecht, Heidelberg 1986, S. 195 ff. sowie: Peter Saladin/Christoph Zenger, Rechte künftiger Generationen, Basel 1988.

136 Zitiert nach Ulrich K. Preuß, Die Zukunft: Müllhalde der Gegenwart?

In: Bernd Guggenberger/Claus Offe (Hrsg.), An den Grenzen der Mehrheitsdemokratie. Politik und Soziologie der Mehrheitsregel, Opladen 1984, S. 225/6.

136a Vgl. statt anderer Beat Sitter, Plädoyer für das Naturrechtsdenken. Zur Anerkennung von Eigenrechten der Natur, Basel 1984.

137 Vgl. Jean Bodin, Sechs Bücher über den Staat, a.a.O. Vgl. auch: Thomas Hobbes, Leviathan oder Form, Wesen und Gewalt des kirchlichen und bürgerlichen Staates, a.a.O.

138 Vgl. insbesondere Buch I, Kap. 8 der »Sechs Bücher über den Staat«, a.a.O., S. 205 ff.

139 Vgl. hierzu ausführlich: Mayer-Tasch u. a., Politische Theorie des Verfassungsstaates, a.a.O., passim.

140 Vgl. Martin Jänicke, Staatsversagen. Die Ohnmacht der Politik in der Industriegesellschaft, München/Zürich 1986, sowie P.C. Mayer-Tasch u. a., Die verseuchte Landkarte, a.a.O.

141 Vgl. George Orwell, Nineteen eighty-four, New York, 1949.

142 Vgl. C.B. Macpherson, The Political Theory of Possessive Individualism. Hobbes to Locke, Oxford 1962 ff.

143 Vgl. Hobbes, Leviathan, Teil II, Kap. 8. Im Titelblatt der Leviathan-Ausgabe von 1651 (das auf dem Einband der oben, Anm. 137, genannten deutschen Leviathan-Ausgabe wiedergegeben wurde) wird der Staat als eine übergroße, aus winzigen Menschen bestehende Person dargestellt. Theoretischer Hintergrund dieser Darstellung ist der Umstand, daß Thomas Hobbes als erstem Staatstheoretiker der Durchbruch zur Entwicklung der Theorie von der »echten Verbandspersönlichkeit« (Otto v. Gierke) gelang – ein Durchbruch, um den Jean Bodin noch vergeblich gerungen hatte. Vgl. hierzu die Einleitung des Verfassers zu seiner Bodin-Ausgabe (oben, Anm. 137, S. 15, 42).

144 Vgl. oben, Anm. 140.

145 Zum Verantwortungsbegriff vgl. ausführlich Hans Jonas, Das Prinzip Verantwortung, Frankfurt a. M. 1979, passim, sowie neuerdings Mayer-Tasch, Wen binden, wem antworten die Wissenschaften? In: *Universitas*, 47. Jg. (1992), S. 205 ff.

146 So jedenfalls lautet der Beschluß der EG-Umweltminister vom 23. 3. 1992. Vgl. *SZ* v. 24. 3. 1992.

147 Vgl. den dem Schicksal des Regenwaldes gewidmeten (auch verfilmten) Roman von Robert Holdstock, Der Smaragdwald, München 1985. Eindrucksvoll ins Bild gesetzt wird das Schicksal des Regenwaldes u. a. auch von dem Anfang 1992 angelaufenen Film »Medicine Man« (deutsch: Die letzten Tage von Eden).

148 Vgl. Holdstocks »Smaragdwald«, a.a.O. (Anm. 147).

149 Zitiert nach: *Greenpeace-Nachrichten* I, 1989, S. 7.

150 Vgl. zur Verkehrsproblematik ausführlich: Mayer-Tasch/Molt/Tiefenthaler (Hrsg.), Transit, a.a.O., passim, sowie auch Mayer-Tasch/Malunat, Ist der Verkehr noch zu retten? Betrachtungen zur Zukunft einer europäischen Verkehrspolitik, in: *Politische Ökologie* Jg. 8 (1990) Heft 16, S. 61–65.

151 Vgl. hierzu Uwe Lahl/Barbara Zeschmar, Die große Verschiebung – der in-

ternationale Giftmüllverkehr, in: Mayer-Tasch (Hrsg.), Die Luft hat keine Grenzen. Internationale Umweltpolitik: Fakten und Trends. Frankfurt 1986, S. 184ff.

152 Vgl. Greenpeace-Nachrichten, I/1989, S. 24.

153 Vgl. *SZ* vom 7. 2. 1992.

154 Vgl. oben, S. 13, Anm. 95.

155 Vgl. Rüster, Bernd/Simma, Bruno, International Protection of the Environment, Treaties and Related Documents, New York 1975ff. (die Sammlung wird seit 1990 als Loseblattausgabe fortgeführt). Vgl. auch die Übersicht von Harald Hohmann, Die Entwicklung der internationalen Umweltpolitik und des Umweltrechts durch internationale und europäische Organisationen, in: Beilage zur Wochenzeitung »Das Parlament« (B 47-48/89, S. 29ff. passim) und das Resümee von Reinhard Leske, Das ökologische Ende des Nationalstaates, in: *Blätter für deutsche und internationale Politik* 2/91, S. 200ff.

156 Vgl. Wiener Übereinkommen zum Schutz der Ozonschicht vom 22. 3. 1985, Montrealer Protokoll über Stoffe, die zu einem Abbau der Ozonschicht führen vom 16. 9. 1987 und das darauf basierende Londoner Änderungsprotokoll vom 26. 6. 1990.

157 Vgl. Der Fischer Weltalmanach 1992. Zahlen, Daten, Fakten, Frankfurt a. M. 1991, Sp. 870, 878.

158 Vgl. United Nations, Demographic Yearbook 1989, New York 1991, insb. S. 117.

159 Vgl. hierzu u. a. Manfred Wöhlcke, Umweltzerstörung in der Dritten Welt, München 1987. Vgl. auch Peter J. Opitz (Hrsg.), Weltprobleme, 3. Aufl., Bonn 1990, passim.

160 Bertolt Brecht, Die Dreigroschenoper, Berlin 1980 (15. Aufl.), 1. Akt (Finale).

161 Vgl. den 1872 erstmals publizierten (seit 1935ff. als Penguin Book erhältlichen) Roman von Samuel Butler mit dem – sich auf »Nowhere« anagrammatisch beziehenden – Titel »Erewhon«. In Butlers Land »Erewhon« ist nicht nur der Betrieb, sondern sogar der Besitz von Maschinen (bis herab zum Uhrwerk) unter Strafe gestellt.

162 Auch bei dem 1890 erstmals veröffentlichten Roman des englischen Architekten und Designers mit dem Titel »Nowhere« handelt es sich um eine – von einer tiefen Schönheitssehnsucht durchzogene – ökologische Utopie.

163 Vgl. Ernest Callenbach, Ökotopia. Notizen und Reportagen von William Weston aus dem Jahre 1999. Aus dem Amerikanischen von Ursula Clemeur und Reinhard Merker, Berlin 1978ff.

164 Einen Durchbruch hat in dieser Hinsicht das Werk des Berliner Nationalökonomen Lutz Wicke (Die ökologischen Milliarden. Das kostet die zerstörte Umwelt – so können wir sie retten, München 1986) erzielt. Die von Lutz Wicke errechneten Kosten der Jahr für Jahr entstehenden Umweltschäden (für die – alte – BRD errechnete er Mitte der 80er Jahre bereits einen Betrag von ca. 120 Milliarden DM) mußten inzwischen mehrfach fortgeschrieben werden.

165 Vgl. hierzu Ernst-Ulrich v. Weizsäcker, Erdpolitik. Ökologische Realpolitik

an der Schwelle zum Jahrhundert der Umwelt, Darmstadt 1989, S. 32ff., 203ff. und passim. Vgl. auch Jan Bongaerts/Ernst-Ulrich v. Weizsäcker, Europa '92. Chancen der Internationalisierung der Umweltpolitik, in: G. Altner/B. Mettler-Meibohm/Udo E. Simonis/E.-U. v. Weizsäcker, Jahrbuch Ökologie 1992, S. 223ff. sowie P.C. Mayer-Tasch, Die Luft hat keine Grenzen. Internationale Umweltpolitik. Fakten und Trends, a.a.O., und: Die verseuchte Landkarte. Das grenzenlose Versagen der Internationalen Umweltpolitik, a.a.O., S. 105ff.

166 Vgl. hierzu statt anderer: Gesellschaft für ökologische Forschung (Hrsg.), Amazonien. Ein Lebensraum wird zerstört. München 1989.

167 Vgl. hierzu wieder die Arbeiten von E.-U. v. Weizsäcker und Bongaerts (siehe oben, Anm. 165).

168 Vgl. hierzu und zum Folgenden Mayer-Tasch/Molt/Tiefenthaler (Hrsg.), Transit, a.a.O., passim.

169 Vgl. Jost Krippendorf, Die Landschaftsfresser. Tourismus und Erholungslandschaft: Verderben oder Segen, Bern 1981.

170 Vgl. hierzu auch Mayer-Tasch, Europe and the Atlantic Community in the Context of an Ecological World Order, in: Otmar Höll (Hrsg.), Environmental Cooperation in Europe. The Political Dimension. Laxenburg 1992. Vgl. auch schon Mayer-Tasch, Dezentralisation und Politische Ökologie, in: Ders., Ökologie und Grundgesetz, a.a.O., S. 69ff.

171 Vgl. Artistoteles, Politik, übersetzt und hrsg. von Olof Gigon, München 1973, 1. Buch, S. 47ff.

172 Vgl. Udo E. Simonis/Ernst-U. v. Weizsäcker, Globale Umweltprobleme, in: *Europa Archiv. Zeitschrift für Internationale Politik*, Folge I, 1990, S. 1ff. (11).

173 Dazu Mayer-Tasch, Europe and the Atlantic Community, a.a.O. (Anm. 170).

174 Vgl. Gerald Geißler, Kleineres Übel? In: *Politische Ökologie*, Heft 25 (Dez./Jan. 1991/2), S. 14ff. Vgl. auch K.H. Adzersen, Ozonverdünnung, Treibhauseffekt und Atomenergie, a.a.O.

175 Vgl. dazu Josef Isensee. Das legalisierte Widerstandsrecht. Eine staatsrechtliche Analyse des Art. 20 Abs. 4 GG, Bad Homburg v. d. H. u. a. 1965.

176 Vgl. dazu ausführlicher P.C. Mayer-Tasch, Die Bürgerinitiativbewegung. Der aktive Bürger als rechts- und politikwissenschaftliches Problem, 5. Aufl. Reinbek 1985.

177 Vgl. Klaus Arnsperger, Meister der Provokation, in: *SZ* vom 11. 10. 1983, S. 3.

178 Vgl. hierzu u. a. Kurt Wolzendorff, Staatsrecht und Naturrecht in der Lehre vom Widerstandsrecht des Volkes gegen rechtswidrige Ausübung der Staatsgewalt, Breslau, 1916; Fritz Kern, Gottesgnadentum und Widerstandsrecht im früheren Mittelalter, 3. Aufl., Darmstadt 1962; Carl Heyland, Das Widerstandsrecht des Volkes gegen verfassungswidrige Ausübung der Staatsgewalt im neuen deutschen Verfassungsrecht, Tübingen 1950, sowie Bernhard Pfister/Gerhard Hildmann (Hrsg.), Widerstandsrecht und Grenzen der Staatsgewalt, Berlin 1956, S. 11ff. passim. Vgl. auch allgemein: Hans Welzel, Naturrecht und materiale Gerechtigkeit, Göttingen 1962, und: Werner

Maihofer (Hrsg.), Naturrecht oder Rechtspositivismus? 2. Aufl. Darmstadt 1972.

179 Günter Grass, Vom Recht auf Widerstand, in: *Die Zeit*, Nr. 6 vom 6. 2. 1983, S. 39.

180 Josef Isensee, Widerstand gegen den technischen Fortschritt, in: *DÖV* 1983, S. 565 ff.

181 *Die Zeit*, Nr. 40 vom 30. 5. 1983, S. 9.

182 Vgl. oben S. 55.

183 Nach dem (zu allem Überfluß auch noch geschönten) Waldschadensbericht 1991 sind in der Bundesrepublik Deutschland zwei von drei Bäumen krank. Vgl. hierzu Helmut Klein, Erschreckende Entwicklung, in: *Politische Ökologie*, Heft 25, Dez./Januar 1991/2, S. 6.

184 Vgl. Peter Schneider, Prinzipien der Verfassungsinterpretation, in: *VVDStRL*, Nr. 20/1963, S. 1 ff.

185 Vgl. dazu P.C. Mayer-Tasch, Ökologie und Grundgesetz. Irrwege, Auswege, a.a.O., S. 25 ff. (S. 28).

186 Vgl. dazu Theodor Ebert, Ziviler Ungehorsam – von der APO zur Friedensbewegung, Waldkirch 1984.

187 Vgl. ausführlicher Rudolf Wassermann, Die Zuschauerdemokratie, Düsseldorf/Wien 1986.

188 Vgl. dazu u. a. Josef Monatzeder, Ökologie und Widerstand: Eine Betrachtung neuer Widerstandsformen in der Ökologiebewegung am Beispiel »Greenpeace«, Mag.Diss. München 1984.

189 Vgl. dazu ausführlicher P.C. Mayer-Tasch, Thomas Hobbes und das Widerstandsrecht, Tübingen 1965.

190 Rudolf von Ihering, Der Kampf ums Recht, Wien 1891.

191 Vgl. den NATUR-Bericht »Widerstand« (8/86, S. 18 ff.).

192 Friedrich Schiller, Wilhelm Tell. Ein Schauspiel, Stuttgart 1953, S. 45.

193 Vgl. Adolf Portmann, Verkümmerung der Lebensquellen, in: Reihe der Bayerischen Akademie der Schönen Künste, Nr. 12, München 1973.

194 Vgl. dazu oben, S. 29 sowie Mayer-Tasch u. a., Politische Theorie des Verfassungsstaates, a.a.O., S. 139 ff.

195 Vgl. hierzu auch das Nachwort, unten, S. 89.

196 Gegen die Inbetriebnahme des Kernkraftwerks Zwentendorf sprachen sich 1978 in einem Plebiszit 50,5 % der Abstimmenden aus.

197 So der ehemalige Bayerische Kultusminister Hans Maier über nachdrücklichen ökologischen Protest (Die Deutschen und die Freiheit. Perspektiven der Nachkriegszeit, Stuttgart 1985).

198 Vgl. Ulrich Beck, Risikogesellschaft, Frankfurt 1984, und ders. (Hrsg.), Politik in der Risikogesellschaft, Frankfurt 1991.

199 Klaus Poenicke, Zurück zu (welcher) Natur? Die Krise des Urban-Industrial Paradigm und der Anspruch einer »ökologischen Hermeneutik«. In: *Amerikastudien*, 32. Jg. (1987), S. 233 ff.

200 Hans-Martin Schönherr, Von der Schwierigkeit, Natur zu verstehen. Entwurf einer negativen Ökologie. Frankfurt 1989. Vgl. auch ders., Die Technik und die Schwäche, Wien 1989 sowie demnächst: Negative Ökologie. Politische Philosophie im technischen Zeitalter. München 1994 (MS).

201 In: *Universitas*, 47. Jg. (1992), S. 205 ff.
202 Vgl. I GING. Das Buch der Wandlungen. Aus dem Chinesischen übertragen und herausgegeben von Richard Wilhelm. Köln 1980, S. 221 ff. (223).
203 Vgl. hierzu u. a. David Bohm, Die implizite Ordnung. Grundlagen eines dynamischen Holismus. München 1985.
204 Vgl. Rupert Sheldrake, Die Theorie der morphogenetischen Felder. In: Rainer Kakuska (Hrsg.), Andere Wirklichkeiten. Die neue Konvergenz von Naturwissenschaften und spiritueller Tradition. München 1984, S. 111.
205 Vgl. Aurelius Augustinus, Vom Gottesstaat, deutsch von Wilhelm Thimme. München 1985, Bd. 2, S. 4, sowie Bd. 1, S. 57.
206 Die Rune HAGAL diente u. a. dem Tutzinger Forum Ökologie als Signet.
207 Vgl. oben Anm. 202.

Literaturverzeichnis

Adams, Michael:
(1989), Das »Verursacherprinzip« als Leerformel, in: *JZ*
Adzersen, K.H.:
(1991), Ozonverdünnung, Treibhauseffekt und Atomenergie, Heidesheim
Altener, G./Mettler-Meibohm, B./Simonis, U.E./Weizsäcker E.-U.v.:
(1992), Jahrbuch Ökologie
Artistoteles:
(1973), Politik, übersetzt und herausgegeben von Olof Gigon, München
Arnsperger, Klaus:
(1983), Meister der Provokation, in: *SZ* vom 11. 10. 83
Augustinus, Aurelius:
(1985), Vom Gottesstaat, deutsch von Wilhelm Thimme, München
Baumann, Wolfgang:
(1982), Der Grundrechtsvorbehalt der »sozialadäquaten technisch-zivilisatorischen Risiken« und der »exekutive Gestaltungsspielraum« im Atomrecht, in: *JZ*
Baumann, Wolfgang (Hrsg.):
(1986), Rechtsschutz für den Wald, Heidelberg
Bautz, Günther:
(1977). Einfluß der Verbände auf die Gesetzgebung am Beispiel des Abwasserabgabengesetzes, München (Diplomarbeit)
Beck, Ulrich:
(1986), Risikogesellschaft. Auf dem Weg in eine andere Moderne, Frankfurt a. M.
Beck, Ulrich (Hrsg.):
(1991), Politik in der Risikogesellschaft, Frankfurt a. M.
Beckmann, Martin:
(1987), Verwaltungsgerichtlicher Rechtsschutz im raumbedeutsamen Umweltrecht, Münster
Benn, Gottfried:
(1975), Gesammelte Werke in acht Bänden, hrsg. von Dieter Wellershoff, München
Blümel, Willi:
(1977), Die Standortvorsorgeplanung für Kernkraftwerke und andere umweltrelevante Großvorhaben in der Bundesrepublik Deutschland, in: *DVBl*
Bodin, Jean:
(1981), Sechs Bücher über den Staat, Buch 1–3, übersetzt und mit Anmerkungen versehen von Bernd Wimmer, eingeleitet und hrsg. von Mayer-Tasch, München

Böhret, Carl:
(1990), Folgen. Entwurf für eine aktive Politik gegen schleichende Katastrophen, Opladen
Bohm, David:
(1985), Die implizite Ordnung. Grundlagen eines dynamischen Holismus, München
Bohne, Eberhard:
(1981), Der informale Rechtsstaat, Berlin
Bongaerts, Jan/Weizsäcker, Ernst-Ulrich von:
(1992), Europa '92. Chancen der Internationalisierung der Umweltpolitik, in: Altner/Mettler-Meibohm/Simonis/v. Weizsäcker, Jahrbuch Ökologie 1992
Brecht, Bertolt:
(1980), Die Dreigroschenoper, Berlin (15. Aufl.)
Breuer, Rüdiger:
(1977), Die Entwicklung des Immissionsschutzrechts 1974–1976, in: *NJW*
(1977), Die Entwicklung des Atomrechts 1974–1976, in: *NJW*
(1985), Umweltschutzrecht, in: Ingo von Münch, Besonderes Verwaltungsrecht, Bern/Zürich (7. Aufl.)
Bühler, Ottmar:
(1914), Die subjektiven öffentlichen Rechte und ihr Schutz in der deutschen Verwaltungsrechtsprechung, Berlin
Bundesminister für Umwelt, Naturschutz und Reaktorsicherheit (Hrsg.):
(1986), Leitlinien der Bundesregierung zur Umweltvorsorge durch Vermeidung und stufenweise Verminderung von Schadstoffen, Bonn
Bundesregierung (Hrsg.)
(1976), Umweltbericht, Bonn
Butler, Samuel:
(1872), Erewhon
Callenbach, Ernest:
(1978), Ökotopia. Notizen und Reportagen von William Weston aus dem Jahre 1999. Aus dem Amerikanischen von Ursula Clemeur und Reinhard Merker, Berlin
Däubler-Gmelin, Herta/Adlerstein, Wolfgang (Hrsg.):
(1986), Menschengerecht, Heidelberg
Denninger, E./Hinz, M. O./Mayer-Tasch, P.C./Roellecke, G. (Hrsg.):
(1990), Kritik und Vertrauen. Peter Schneider zu ehren, Frankfurt a. M.
Deschner, Karlheinz:
(1957), Kitsch, Kunst und Konvention, München
Diemer, Hans-Wolfgang:
(1986), Für die Verbandsklage im Sozialversicherungsrecht, in: *ZRP*
Dilcher, Gerhard/Horn, Norbert (Hrsg.):
(1978), Sozialwissenschaften im Studium des Rechts, Bd. IV, München
Doran, Charles/Hinz, Michael/Mayer-Tasch, Peter C.:
(1974), Umweltschutz – Politik des peripheren Eingriffs, Darmstadt
Ebert, Theodor:
(1984), Ziviler Ungehorsam – von der APO zur Friedensbewegung, Waldkirch

Eiberle-Herm, Viggo:
(1987), Tendenzen im verwaltungsgerichtlichen Umweltschutz – Rechtsschutzdefizite durch Kontrollverzicht, in: *DuR*
Eith, Wolfgang:
(1982), Zehn Jahre einstufige Juristenausbildung – vorläufige Kurzbilanz und Ausblick, *ZRP*
Feuerbach, Paul Johann Anselm:
(1798), Anti-Hobbes oder »Über die Grenzen der höchten Gewalt und das Zwangsrecht der Bürger gegen den Oberherrn«, Erfurt
Forsthoff, Ernst:
(1971), Der Staat der Industriegesellschaft, München (2. Aufl.)
(1973), Lehrbuch des Verwaltungsrechts, München (10. Aufl.)
Fraenkel, Ernst:
(1968), Zur Soziologie der Klassenjustiz, Darmstadt
Geißler, Heiner (Hrsg.):
(1979), Optionen auf eine lebenswerte Zukunft. Analysen und Beiträge zu Wachstum und Umwelt, München/Wien
(1991), Kleineres Übel? In: *Politische Ökologie*, Heft 25
George, Stefan:
(o. J.), Das Neue Reich, Düsseldorf/München
Gesellschaft für ökologische Forschung (Hrsg.):
(1989), Amazonien. Ein Lebensraum wird zerstört. München
Grass, Günter:
(1983), Vom Recht auf Widerstand, in: *Die Zeit*, Nr. 6 vom 6. 2.
Guggenberger, Bernd/Offe, Claus (Hrsg.):
(1984), An den Grenzen der Mehrheitsdemokratie. Politik und Soziologie der Mehrheitsregel, Opladen
Haak, Dieter:
(1984), Die von der Bundesregierung geplante Neuordnung der Juristenausbildung – ein Jahrhundertwerk?, *ZRP*
Häberle, Peter:
(1986), Zeit und Verfassungskultur, in: Däubler-Gmelin/Adlerstein (Hrsg.), Menschengerecht, Heidelberg
Hammerstein, Notger:
(1986), Universitäten – Territorialstaaten – Gelehrte Räte, in: Schnur, Die Rolle der Juristen bei der Entstehung des modernen Staates, Berlin
Harenburg, Jan/Podlech, Adalbert/Schlink, Bernhard:
(1980), Rechtlicher Wandel durch richterliche Entscheidung, Darmstadt
Hattenauer, Hans:
(1989), Juristenausbildung – Geschichte und Probleme, in: *JUS*
Heine, Günter/Meinberg, Volker:
(1988), Empfehlen sich Änderungen im strafrechtlichen Umweltschutz, insbesondere in Verbindung mit dem Verwaltungsrecht? Gutachten D zum 57. Deutschen Juristentag in Mainz, München
Heldrich, Andreas/Schmidtchen, Gerhard:
(1982), Gerechtigkeit als Beruf, Repräsentativumfrage unter jungen Juristen, München

Henke, Wilhelm:
(1986), Das subjektive öffentliche Recht, Tübingen
Hermes, Georg:
(1987), Das Grundrecht auf Schutz von Leben und Gesundheit, Heidelberg
Hesse, Konrad:
(1990), Grundzüge des Verfassungsrechts der Bundesrepublik Deutschland, Karlsruhe (17. Aufl.)
Heyland, Carl:
(1950), Das Widerstandsrecht des Volkes gegen verfassungswidrige Ausübung der Staatsgewalt im neuen deutschen Verfassungsrecht, Tübingen
Hildmann, Gerhard/Pfister, Bernhard (Hrsg.):
(1956), Widerstandsrecht und Grenzen der Staatsgewalt, Berlin
Hill, Hermann:
(1988), Optimierung der Organisation kommunaler Verwaltung im Hinblick auf die Sachaufgabe Umweltschutz, in: *Die Verwaltung*
Hinz, Manfred O./Mayer-Tasch, Peter C.:
(1968), Studienreform als Examensreform, *JZ*
Hobbes, Thomas:
(1969), Leviathan oder Wesen, Form und Gewalt des kirchlichen und bürgerlichen Staates. In der Übersetzung von D. Tidow, mit einem Essay »Zum Verständnis des Werkes«, einem biographischen Grundriß und einer Bibliographie hrsg. von P.C. Mayer-Tasch, Reinbek (2. Aufl.)
Höll, Otmar (Hrsg.):
(1992), Environmental Cooperation in Europe. The Political Dimension, Laxenburg
Hofmann, Hasso:
(1980), Langzeitrisiko und Verfassung, in: *Scheidewege*
Hohmann, Harald:
(1989), Die Entwicklung der internationalen Umweltpolitik und des Umweltrechts durch internationale und europäische Organisation, in: Beilage zur Wochenzeitung »*Das Parlament*« 48/89
Holdstock, Robert:
(1985), Der Smaragdwald, München
Horn, Norbert:
(1978), Soziale Stellung und Funktion der Berufsjuristen in der Frühzeit der europäischen Rechtswissenschaft, in: Dilcher/Horn, Sozialwissenschaften im Studium des Rechts, a.a.O.
I GING:
(1980), Das Buch der Wandlungen. Aus dem Chinesischen übertragen und herausgegeben von Richard Wilhelm, Köln
Ihering, Rudolf von:
(1891), Der Kampf ums Recht, Wien
Immel, Burkhard:
(1987), Strafrechtliche Verantwortung von Amtsträgern im Umweltstrafrecht: Umweltuntreue, Frankfurt/M.

Isensee, Josef:
(1965), Das legalisierte Widerstandsrecht. Eine staatsrechtliche Analyse des Art. 20 Abs. 4 GG, Bad Homburg
(1983), Widerstand gegen den technischen Fortschritt, in: *DÖV*
Jänicke, Martin:
(1986), Staatsversagen. Die Ohnmacht der Politik in der Industriegesellschaft, München/Zürich
Jellinek, Georg:
(1905), Das System der subjektiven öffentlichen Rechte, Tübingen (Nachdr. Darmstadt 1963)
Jonas, Hans:
(1979), Das Prinzip Verantwortung, Frankfurt a. M.
Jungk, Robert:
(1977), Der Atomstaat, München
Kakuska, Rainer (Hrsg.):
(1984), Andere Wirklichkeiten. Die neue Konvergenz von Naturwissenschaften und spiritueller Tradition, München
Kaupen, Wolfgang:
(1969), Die Hüter von Recht und Ordnung. Die soziale Herkunft, Erziehung und Ausbildung der deutschen Juristen – eine soziologische Analyse, Neuwied–Berlin
Kern, Fritz:
(1962), Gottesgnadentum und Widerstandsrecht im früheren Mittelalter, Darmstadt (3. Aufl.)
Kimminich, Otto (Hrsg.):
(1986), Handwörterbuch des Umweltrechts, Berlin
Klein, Helmut:
(1991), Erschreckende Entwicklung, in: *Politische Ökologie*, Heft 25
Kloepfer, Michael:
(1978), Systematisierung des Umweltrechtes, in: *UBA-Berichte* 8/78
Kloepfer, Michael (Hrsg.):
(1989), Der Umweltstaat, Berlin u. a.
Klönne u. a.:
(1981), Lebendige Verfassung – das Grundgesetz in Perspektive, Darmstadt
Koch, Karl-Heinz:
(1990), Überlegungen zur Reform der Juristenausbildung, in: *ZRP*
Kopp, Ferdinand:
(1986), Beweislast, in: Kimminich, Handwörterbuch des Umweltrechts Bd. I, Berlin
Koschaker, Paul:
(1958), Europa und das Römische Recht, München (3. Aufl.)
Kriele, Martin:
(1975), Einführung in die Staatslehre, Reinbek
Krippendorf, Horst:
(1981), Die Landschaftsfresser. Tourismus und Erholungslandschaft: Verderben oder Segen, Bern

Krusche, Matthias:
(1988), Umweltrecht. Neues Denken – neue Perspektiven, Stuttgart
Lahl, Uwe/Zeschmar, Barbara:
(1986), Die große Verschiebung – der internationale Giftmüllverkehr, in: Mayer-Tasch (Hrsg.), Die Luft hat keine Grenzen, Frankfurt/M.
Leipert, Christian:
(1987), Folgekosten und volkswirtschaftliche Gesamtrechnung. Zur Identifikation von steigenden kompensatorischen Ausgaben in der Sozialproduktrechnung, Projektbericht einer Forschungsarbeit am Wissenschaftszentrum Berlin für Sozialforschung (IIUG), Berlin
Leske, Reinhard:
(1991), Das ökologische Ende des Nationalstaats, in: *Blätter für deutsche und internationale Politik* 2/91
Lieckfeld, Claus-Peter/Wittchow, Frank:
(1986), 427. Im Land der grünen Inseln, München
Liermann, Hans:
(1957), Richter – Schreiber – Advokaten, München
Lübbe-Wolff, Gertrude:
(1989), Das Kooperationsprinzip im Umweltrecht – Rechtsgrundsatz oder Deckmantel des Vollzugsdefizits? In: *NUR*
Luible, Martin (Hrsg.):
(1928), Sing-Sang. Eine Auswahl deutscher Studentenlieder, München
Machiavelli, Niccolo:
(1955), Der Fürst, hrsg. von Rudolf Zorn, Stuttgart
Macpherson, Crawford Brough:
(1962), The Political Theory of Possessive Individualism. Hobbes to Locke, Oxford
Maier, Hans:
(1985), Die Deutschen und die Freiheit. Perspektiven der Nachkriegszeit, Stuttgart
Maihofer, Werner (Hrsg.):
(1972), Naturrecht oder Rechtspositivismus? Darmstadt (2. Aufl.)
Malunat, Bernd M./Mayer-Tasch, P.C.:
(1990), Ist der Verkehr noch zu retten? Betrachtungen zur Zukunft einer europäischen Verkehrspolitik, in: *Politische Ökologie* Jg. 8, Heft 16
Markl, Hubert:
(1983), Natur und Geschichte, München/Wien
Martin, Jacob:
(1987), Der atomindustrielle Komplex und das Recht, *KJ*
(1988), Umweltbehörden und Strafrecht, *KJ*
Maunz, Theodor/Dürig, Günter/Herzog, Roman:
(1987), Grundgesetz Kommentar, München
Mayer, Otto:
(1924), Deutsches Verwaltungsrecht, Leipzig (Nachdruck Berlin 1969)
Mayer-Tasch, Peter Cornelius:
(1965), Thomas Hobbes und das Widerstandsrecht, Tübingen
(1978), Umweltrecht im Wandel, Opladen

(1980), Ökologie und Grundgesetz, Frankfurt/M.
(1981), Einführung in Jean Bodins Leben und Werk, in: Jean Bodin, München
(1982), Die Welt als Baustelle. Fragen an die Politische Ökologie, Zürich
(1984), Der Weg vom Rechtsstaat zum Atomstaat wird gepflastert, in: Roßnagel, Recht und Technik im Spannungsfeld der Kernenergiekontroverse, Opladen/Wiesbaden
(1985), Aus dem Wörterbuch der Politischen Ökologie, München
(1985), Die Bürgerinitiativbewegung. Der aktive Bürger als rechts- und politikwissenschaftliches Problem, Reinbek (5. Aufl.)
(1985), Die sozial-liberale Koalition. Innenpolitische Entwicklungen, in: Schneider, Der Weg der Bundesrepublik von 1945 bis zur Gegenwart, München
(1986), Die Luft hat keine Grenzen. Internationale Umweltpolitik: Fakten und Trends, Frankfurt
(1987), (i. Verb. mit F. Kohout, B.M. Malunat, K.P. Merk) Die verseuchte Landkarte. Das grenzenlose Versagen der internationalen Umweltpolitik, München
(1988), Präventive internationale Umweltpolitik, in: Simonis, Präventive Umweltpolitik, Frankfurt/M.
(1990), Fortschritt in Kritik und Vertrauen, in: Denninger/Hinz/Mayer-Tasch/Roellecke (Hrsg.), Kritik und Vertrauen, a.a.O.
(1990), Ein Netz für Ikarus, München (2. Aufl.)
(1991), Politische Theorie des Verfassungsstaates, München
(1992), Wen binden, wem antworten die Wissenschaften?, in: *Universitas*, 47. Jg.
(1992), Europe and the Atlantic Community in the Context of an Ecological World Order, in: Höll (Hrsg.), Environmental Cooperation in Europe, Luxemburg

Mayer-Tasch, P.C./Molt, Walter/Tiefenthaler, Heinz (Hrsg.):
(1990), Transit – Das Drama der Mobilität, Zürich

Meinberg, V.:
(1988), Empirische Erkenntnisse zum Vollzug des Umweltstrafrechts, in: *ZStW*
(1990), Praxis und Perspektiven des Umwelt-Ordnungswidrigkeiten-Rechts, in: *NJW*

Meyer-Abich, Klaus Michael:
(1989), Wie sind Risiken in öffentlicher Verantwortung zu rechtfertigen? In: *ZRP*
(1990), Aufstand für die Natur. Von der Umwelt zur Mitwelt, München/Wien

Meyer-Renschhausen, Martin:
(1990), Die ökonomische Effizienz und politische Akzeptanz der Abwasserabgabe, in: *Zeitschrift für Umweltpolitik und Umweltrecht* 1/90

Michel, Lutz H.:
(1988), Umweltschutz als Staatsziel? in: *Natur und Recht*

Molt, Walter:
(1990), Verkehr im Spannungsfeld von Mobilität und Seßhaftigkeit, in: Mayer-Tasch/Molt/Tiefenthaler (Hrsg.), Transit, Zürich

Monatseder, Josef:
(1984), Ökologie und Widerstand: Eine Betrachtung neuer Widerstandsformen in der Ökologiebewegung am Beispiel »Greenpeace«, Mag.Diss., München
Morris, William:
(1890), Nowhere
Murswiek, Dietrich:
(1985), Die staatliche Verantwortung für die Risiken der Technik, Berlin
Opitz, Peter J. (Hrsg.):
(1990), Weltprobleme, Bonn (3. Aufl.)
Orwell, George:
(1949), Nineteen eighty-four, New York
Pfaff, Richard:
(1979), Die Gemeinden als legitime und legale Repräsentanten von Bürgerinteressen, *Verw. Arch.*
Poenicke, Klaus:
(1987), Zurück zu (welcher) Natur? Die Krise des Urban-Industrial Paradigm und der Anspruch einer »ökologischen Hermeneutik«, in : *Amerikastudien*, 32. Jg.
Portmann, Adolf:
(1973), Verkümmerung der Lebensquellen, in: Reihe der Bayerischen Akademie der Schönen Künste, Nr. 12, München
Preuß, Ulrich K.:
(1984), Die Zukunft: Müllhalde der Gegenwart?, in: Guggenberger/Offe (Hrsg.), An den Grenzen der Mehrheitsdemokratie. Politik und Soziologie der Mehrheitsregel, Opladen
Prittwitz, Volker von:
(1984), Umweltaußenpolitik, Grenzüberschreitende Luftverschmutzung in Europa, Frankfurt/M.
(1990), Das Katastrophen-Paradox. Elemente einer Theorie der Umweltpolitik, Opladen
Rasehorn, Theo:
(1974), Recht und Klassen, Darmstadt/Neuwied
(1981), Zur Lage der rechtsprechenden Gewalt, in: Klönne u. a., Lebendige Verfassung – das Grundgesetz in Perspektive, Darmstadt
Rat von Sachverständigen für Umweltfragen:
(1978), Vollzugsprobleme der Umweltpolitik. Empirische Untersuchung der Implementation von Gesetzen im Bereich der Luftreinhaltung und des Gewässerschutzes, Stuttgart/Mainz/Köln
Rauschning, Dietrich:
(1986), Aufnahme einer Staatszielbestimmung über Umweltschutz in das Grundgesetz? In: *DÖV*
Rilke, Rainer Maria:
(1980), Das Stunden-Buch (Erstes Buch vom mönchischen Leben, 1899), in: Werke, Bd. I, Frankfurt (2. Aufl.)
Riva, Enrico:
(1980), Die Beschwerdebefugnis der Natur- und Heimatschutzvereinigungen im Schweizerischen Recht, Bern

Roßnagel, Alexander:
(1982), Energiepolitik und die Zukunft des Rechtsstaates, in: *Scheidewege*, Heft 2
(1983), Bedroht die Kernenergie unserer Freiheit? Das künftige Sicherungssystem kerntechnischer Anlagen, München
(1984), Radioaktiver Zerfall der Grundrechte (mit Kommentaren von P.C. Mayer-Tasch und Peter Saladin), München
Roßnagel, Alexander (Hrsg.):
(1984), Recht und Technik im Spannungsfeld der Kernenergiekontroverse, Opladen/Wiesbaden
Rottleuthner, Hubert:
(1973), Richterliches Handeln, Frankfurt/M.
Rüster, Bernd/Simma, Bruno:
(1975), International Protection of the Environment, Treaties and Related Documents, New York (die Sammlung wird seit 1990 als Loseblattausgabe fortgeführt)
Rüther, Werner:
(1986), Ursachen für den Anstieg polizeilich festgestellter Umweltschutzdelikte, in: *Forschungsbericht* 2/86 des Umweltbundesamtes, Berlin
(1986), Rechtstatsachen zur Umweltkriminalität, in: Kimminich, Handwörterbuch des Umweltrechts, Bd. II, Berlin
(1989), Was schützt oder wem nützt das Umweltstrafrecht?, in: *DuR*
Rupp, Hans H.:
(1985), Ergänzung des Grundgesetzes um eine Vorschrift über den Umweltschutz?, in: *DVBl*
Sailer, Christian:
(1978), Zum Klagerecht der Gemeinden gegen Kernkraftwerke, in: *BayVB*
Saladin, Peter/Zenger, Christoph:
(1988), Rechte künftiger Generationen, Basel
Schiller, Friedrich:
(1953), Wilhelm Tell. Ein Schauspiel, Stuttgart
Schmidt, Reiner:
(1992), Einführung in das Umweltrecht, München (3. Aufl.)
Schmitt, Carl:
(1969), Der Hüter der Verfassung, Berlin
Schneider, Franz (Hrsg.):
(1985), Der Weg der Bundesrepublik von 1945 bis zur Gegenwart, München
Schneider, Peter:
(1963), Prinzipien der Verfassungsinterpretation, in: *VVDStRL*, Nr. 20
Schnur, Roman (Hrsg.):
(1986), Die Rolle der Juristen bei der Entstehung des modernen Staates, Berlin
Schönherr, Hans-Martin:
(1989), Von der Schwierigkeit, Natur zu verstehen. Entwurf einer negativen Ökologie, Frankfurt
(1989), Die Technik und die Schwäche, Wien
(1994), Negative Ökologie. Politische Philosophie im technischen Zeitalter, München

Schütte, Wolfgang:
(1975), Sozialisation im juristischen Studium – Vorarbeiten, in: *Hochschuldidaktische Materialien* 51, Hamburg
Seiter, Hugo/Stürner Rolf:
(1982), Zum Stand der Diskussion um die Reform der Juristenausbildung, *JUS*
Sening, Christoph:
(1980), Abschied von der Schutznormtheorie im Naturschutzrecht, in: *Natur und Recht*
Sheldrake, Rupert:
(1984), Die Theorie der morphogenetischen Felder, in: Kakuska (Hrsg.), Andere Wirklichkeiten, München
Simonis, Udo Ernst (Hrsg.):
(1988), Präventive Umweltpolitik, Frankfurt/New York
Simonis, Udo E./Weizsäcker, Ernst-U. von:
(1990), Globale Umweltprobleme, in: *Europa Archiv*
Sitter, Beat:
(1984), Plädoyer für das Naturrechtsdenken. Zur Anerkennung von Eigenrechten der Natur, Basel
Sonnenberger, Hans Jürgen:
(1987), Die französische Juristenausbildung, *JUS*
Steiger, H.:
(1989), Deutsche Juristenausbildung und das Jahr 1992, in: *ZRP*
Stobbe, Otto:
(1864), Geschichte der deutschen Rechtsquellen, Braunschweig
Stone, Christopher D.:
(1987), Umwelt vor Gericht. Die Eigenrechte der Natur, München
Streit, Manfred E./Wildemann, Rudolf:
(1989), Landwirtschaft und Umwelt: Wege aus der Krise, Baden-Baden
Suhr, Dieter:
(1980), Richterliches Selbstverständnis im Hinblick auf Fragen der Rechtserneuerung, in: Harenberg/Podleck/Schlink, Rechtlicher Wandel durch richterliche Entscheidung, Darmstadt
(1986), Immissionsschäden vor Gericht, Dokumente zum Augsburger Waldschadensprozeß, Kehl
(1986), Grundrechte in sterbender Umwelt, in: Baumann, Rechtsschutz für den Wald, Heidelberg
(1988), Gleiche Freiheit, Augsburg
Timm, Gerhard I.:
(1989), Die wissenschaftliche Beratung der Umweltpolitik – Der Rat von Sachverständigen für Umweltfragen, Wiesbaden
Thieme, Werner:
(1976), Die Zulässigkeit von Umweltschutzklagen, in: *NJW*
Umwelt- und Prognose-Institut Heidelberg e.V.:
(1991), Ökologische und soziale Kosten der Umweltbelastung in der Bundesrepublik Deutschland im Jahre 1989 (*UPI-Bericht* Nr. 20), Heidelberg

United Nations:
(1991), Demographic Yearbook 1989, New York
Uz, Johann Peter:
(1890), Sämtliche poetische Werke (hrsg. von A. Sauer), ohne Ortsangabe
Vogel, Hans-Jochen:
(1977), Die Parlamente sollten entscheiden, in: *SPD-Pressedienst*, P/XXXII/63 vom 31. 3. 1977
Wassermann, Rudolf:
(1986), Die Zuschauerdemokratie, Düsseldorf/Wien
Weber, Max:
(1979), Die protestantische Ethik (hrsg. von Joh. Winckelmann), Gütersloh (5. Aufl.)
Wegehenkel, Lothar (Hrsg.):
(1983), Umweltprobleme als Herausforderung der Marktwirtschaft – Neue Ideen jenseits des Dirigismus, Stuttgart
Weizsäcker, Ernst-Ulrich von:
(1989), Erdpolitik. Ökologische Realpolitik an der Schwelle zum Jahrhundert der Umwelt, Darmstadt
Welzel, Hans:
(1962), Naturrecht und materiale Gerechtigkeit, Göttingen
Wicke, Lutz:
(1983), Umweltpolitik und administrative Praxis, in: Wegehenkel, Umweltprobleme als Herausforderung der Marktwirtschaft, Stuttgart
(1986), Die ökologischen Milliarden. Das kostet die zerstörte Umwelt – so können wir sie retten, München
Willke, Eberhard:
(1990), Staatsverschuldung und künftige Entscheidungsspielräume, in: Hesse/Zöpel, Der Staat der Zukunft, Baden-Baden
Winter, Gerd:
(1987), Die Angst des Richters bei der Technikbewertung, in: *ZRP*
Wittkämper, Gerhard von/Wulff-Nienhüser, Marianne:
(1987), Umweltkriminalität – heute und morgen, BKA-Forschungsreihe, Bd. 20, Wiesbaden
Wöhlcke, Manfred:
(1987), Umweltzerstörung in der Dritten Welt, München
Wolf, Rainer:
(1986), Das Recht im Schatten der Technik, in: *KJ*
Wolzendorff, Kurt:
(1916), Staatsrecht und Naturrecht in der Lehre vom Widerstandsrecht des Volkes gegen rechtswidrige Ausübung der Staatsgewalt, Breslau

fischer alternativ

Wolfgang Föste
Altlasten
Die Zeitbombe im Boden tickt
fischer alternativ Band 10226

In der Bundesrepublik gibt es um die 49.000 Standorte mit Altlasten. Viele alte Ablagerungen von Abfällen und Standorte ehemaliger Industrieanlagen enthalten Giftstoffe, deren Wirkung niemand genau kennt. Ob und wie solche Gebiete saniert werden können, wird in diesem Buch dargestellt.

Otmar Wassermann,
Carsten Alsen-Hinrichs
und Udo Ernst Simonis
Die schleichende Vergiftung
Die Grenzen der Belastbarkeit sind erreicht
fischer alternativ Band 4126

Die Belastung von Luft, Wasser, Boden und Nahrungsmitteln durch Schadstoffe rückt immer mehr in den Mittelpunkt der ökologischen Diskussion. Dadurch erhält die Umwelttoxikologie den Charakter einer unbequemen Wissenschaft. In diesem Buch werden Probleme und Konflikte für eine breitere Öffentlichkeit dargestellt.

Fischer Taschenbuch Verlag

fischer alternativ

BEAULIEU-Gruppe (Hg.)
Aufbruch von innen
Manifest für eine Ethik der Zukunft
Band 10741

Gerd Billen (Hg.)
Wir lassen uns nicht für dumm verkaufen
Handbuch für den ökologiebewußten Verbraucher
Band 10509

Marion Brandt-Odenthal
Wenn Sylt versinkt
Lehrstück einer Umweltzerstörung. Fakten, Zusammenhänge, Perspektiven
Band 4129

Beate von Devivere/U. Wemmer (Hg.)
Umweltschutz für Kinder
Thema: Radioaktivität
Band 4125

Der Fischer Öko-Almanach 91/92
Gerd Michelsen / Öko-Institut Freiburg/Br. (Hg.)
Daten, Fakten, Trends der Umweltdiskussion
Band 4120

Michael Flitner/Dan Leskien
Patente auf das Leben?
Die Gefahren der Verwertung der Gentechnologie
Band 11458

Wolfgang Föste
Altlasten
Die Zeitbombe im Boden tickt
Band 10226

Hans Glauber/R. Pfriem (Hg.)
Ökologisch wirtschaften
Strategien und Modelle
Band 10952

Herbert Gruhl
Ein Planet wird geplündert
Die Schreckensbilanz unserer Politik
Band 4006

Fischer Taschenbuch Verlag

fi 110 / 7 a

fischer alternativ

Günter Hamer/
Carsten Stahmer
Volkswirtschaft auf dem Öko-Prüfstand
Neue Konzepte für das Bruttosozialprodukt
Band 11461
(in Vorbereitung)

Joseph Huber
Die Regenbogengesellschaft
Ökologie und Sozialpolitik
Band 4118

Institut für ökologisches Recycling (Hg.)
Abfall vermeiden
Leitfaden für eine ökologische Abfallwirtschaft
Band 4124

Institut für Umweltrecht (Hg.)
Deine Umwelt – Dein Recht
Wie können Bürgerinnen und Bürger sich wehren? Band 4132

Holger Krawinkel
Für eine neue Energiepolitik
Was die Bundesrepublik Deutschland von Dänemark lernen kann
Band 4131

Jost Krippendorf/
Peter Zimmer/
Hans Glauber
Für einen anderen Tourismus
Probleme, Ratschläge, Perspektiven
Band 4114

Hugo Kükelhaus/
Rudolf zur Lippe
Entfaltung der Sinne
Ein »Erfahrungsfeld« zur Bewegung und Besinnung
Band 4065

Peter Cornelius Mayer-Tasch (Hg.)
Natur denken
Eine Genealogie der ökologischen Idee
Band 1:
Von der Antike bis zur Renaissance
Band 4995
Band 2:
Vom Beginn der Neuzeit bis zur Gegenwart
Band 4196

Fischer Taschenbuch Verlag

fi 110 / 10 b

WIRTSCHAFT

Herausgegeben
von Prof. Dr. Bert Rürup

Bert Rürup
Fischer Wirtschaftslexikon
Unter Mitarbeit von
Ralf Pampel und
Werner Sesselmeier

Band 10628

Abschreibung, Bank, Bilanz, Deflation, Einkommen, Finanzausgleich, Inflation, Joint venture, Option, Verschuldung,Zahlungsbilanz etc., alle diese Begriffe und Schlagwörter gehören zum Vokabular der Zeitungen und der Alltagssprache.

Gleichwohl besteht bei sehr vielen Menschen eine Lücke zwischen dem Wissen um die faktische Bedeutung der »Ökonomie« für das gesamte gesellschaftliche Leben und der individuellen Kenntnis von wirtschaftlichen Fakten, Prozessen und Problemen und ihren Wirkungen. Diese Lücke soll mit dem »Fischer Wirtschaftslexikon« geschlossen werden. Es informiert kompetent und prägnant über die wichtigsten Fachausdrücke der

- Betriebswirtschaftslehre
- Volkswirtschaftslehre
- empirischen Wirtschaftsforschung

und spart auch nach Möglichkeit die jeweils zugrundeliegenden Ansätze nicht aus. Ohne Verlust an fachlicher Präzision werden Erklärungen angestrebt, die auch Nichtfachleuten verständlich sein sollen. Die Auswahl setzt den Schwerpunkt auf aktuelle und praxisnahe Begriffe und Zusammenhänge.

Fischer Taschenbuch Verlag

fi 1521/1

WIRTSCHAFT

Herausgegeben
von Prof. Dr. Bert Rürup

Band 10865

Es wird gestohlen, hinterzogen, bestochen, betrogen, zerstört und getötet. Die feinen Fäden der Interessenverflechtung zwischen Bankern, Industriellen und Politikern bewirken mehr als jede Wahl. Wir staunen über die Tricks der Ärzte, empören uns über den

Hans See
Kapital-Verbrechen
Die Verwirtschaftung
der Moral

Steuerbetrug von Unternehmern und Politikern, beklagen die Ausplünderung der Entwicklungsländer und protestieren gegen die Zerstörung unserer Umwelt. Und wir übersehen, daß diese Verbrechen und Bedrohungen eine gemeinsame Ursache haben: die Konkurrenz zwischen legalem und illegalem Kapitalismus. Hans See zeigt in seinem fesselnden Buch, wie die Konkurrenz Verbrechen hervorbringt – nach rechtlichen wie moralischen Maßstäben.
Weil die freie Konkurrenz unvergleichlich effektiv ist, akzeptieren die meisten ihre verheerenden Folgen. Die christlichen Kirchen haben die Bergpredigt ausgetauscht gegen das Bekenntnis zur sozialen Marktwirtschaft. Längst stehen sich nicht mehr Kapitalisten und Arbeiter gegenüber, vielmehr kämpft Kapital gegen Kapital. Im Strudel dieses Kampfes drohen alle ethischen Werte unterzugehen.

Fischer Taschenbuch Verlag

fi 1554/1